Edvige Costanzo
Muriel Molinié
Jacques Pécheur

campus

3

cahier d'exercices

CLE
INTERNATIONAL

1 découvrir les langues

vocabulaire

1 ■ Vous partagez ces opinions. Complétez-les avec le mot qui convient.

a. La mort d'une langue est toujours une ....

b. Connaître plusieurs langues, c'est être .... du monde.

c. La .... des langues et des cultures est une richesse que l'on doit conserver.

d. Apprendre plusieurs langues, c'est avoir une éducation ....

e. Parler et écrire plusieurs langues donne des possibilités de .... extraordinaires.

diversité – catastrophe – communication – plurilingue – citoyen.

2 ■ Du verbe au nom. Trouvez l'action qui correspond au verbe.

a. composer → ***composition***

b. cohabiter → ....

c. conserver → ....

d. découvrir → ....

e. témoigner → ....

f. disperser → ....

g. transmettre → ....

3 ■ Passer à l'action : de l'adjectif à l'adverbe. Faites comme dans l'exemple.

a. amoureux → regarder ***amoureusement***

b. fin → répondre ....

c. différent → parler ....

d. infini → aimer ....

e. délicat → agir ....

f. humain → réagir ....

g. particulier → considérer ....

h. dur → travailler ....

i. subtil → analyser ....

4 ■ Que signifient ces mots francophones ? Traduisez en français courant les mots soulignés. Aidez-vous de la liste.

a. De l'eau <u>frette</u> (Québec) → ***froide***

b. Les moustiques m'ont <u>beurré</u> (île Maurice) → ....

c. Avoir <u>fret</u> aux mains (Québec) → ....

d. <u>Amarrer</u> ses souliers (La Réunion) → ....

e. Être <u>bleu</u> de quelqu'un (Belgique) → ....

f. Une <u>bœufferie</u> (Suisse) → ....

g. Donner un bon <u>avocat</u> (le fruit) (Afrique) → ....

pot-de-vin – épris – piqué – froid – lacer – ânerie.

5 ■ Ça se parle où ? Complétez avec « en », « à l' », « aux », « dans l' » ou « dans les ».

a. ***en*** Franche-Comté

b. .... Afrique du Nord

c. .... île Maurice

d. .... Amérique du Nord

e. .... départements d'outre-mer

f. .... Alsace

g. .... France métropolitaine

h. .... Corse

i. .... Guyane

j. .... îles Loyauté

k. .... Nouvelle-Calédonie

l. .... Hexagone

m. .... Polynésie

n. .... territoires d'outre-mer

1 Faire des découvertes

écrit

6 ■ « Ce qui fait l'originalité de l'Europe, c'est l'immense diversité des langues et des cultures qu'elles reflètent [...] L'Européen devra élever ses fils et ses filles dans la variété des langues et non dans l'unité » (Claude Hagège, « Le Souffle de la langue »).

Êtes-vous pour ou contre une éducation plurilingue ? Vous écrivez un petit texte pour participer à un forum virtuel sur l'éducation plurilingue.

....

....

....

....

....

....

2 découvrir des faits

vocabulaire

7 ■ Des mots de la même famille. Éliminez l'intrus.

a. garagiste – commerce – voiture – moteur
b. chiffre d'affaires – concurrence – vente – route
c. pâtisserie – boulangerie – maison de retraite – restaurant
d. petit – clos – limité – fermé
e. demander – parler – protester – rentrer
f. aller – venir – partir – appeler

8 ■ Associez.

a. avoir	**1.** la porte
b. faire	**2.** en voiture
c. claquer	**3.** un bruit
d. vendre	**4.** un bon chiffre d'affaires
e. investir	**5.** en panne
f. tomber	**6.** contre la concurrence
g. partir	**7.** en euros
h. prendre position	**8.** la grève
i. réaliser	**9.** de la chance
j. entendre	**10.** des produits

9 ■ Où peut-on entendre ou lire les expressions suivantes ?

a. « Vous m'avez fait acheter plein de croissants et on n'en avait pas besoin... Ça, c'est vraiment un tour de cochon... ! » → ....

b. « ...et ils ne sont pas venus ! On a fait tout ça pour des prunes... » → ....

c. « Elle lui a pris son petit ami, et elle a fait ça dans son dos ! » → ....

d. « Ne vous asseyez pas sur vos idées ! Lisez *Info Jeunes* ! » → ....

publicité d'un magazine pour jeunes – dans la rue : deux copines qui bavardent – à un dîner déserté par les invités – à la maison, de retour de la boulangerie.

grammaire

10 ■ Situer dans le temps. Complétez les phrases avec « il y a – il y a... que – depuis – ça fait... que ».

a. Ce restaurant espagnol fait une concurrence extraordinaire au nôtre .... un certain temps. .... un an, il n'y avait que la boulangerie dans le village.

b. .... longtemps .... j'entends parler de ce commerce, mais je n'y suis jamais allé.

c. Dis, la voiture est chez le garagiste .... lundi dernier. Il a réalisé qu'on en a besoin ?

d. On a été au Pérou pendant trois ans et .... un an .... on est rentré

e. M. Lagache ne travaille pas .... longtemps. Il est toujours en grève ?

11 ■ Raconter les faits. Mettez les verbes entre parenthèses au temps qui convient.

DEUX COMPÈRES EN PRISON POUR AVOIR VOLÉ DES CROISSANTS !

Lundi dernier, deux habitants d'Escamps (décider) ont décidé de jouer un tour au boulanger du bourg : ils (protester) ...., (dire) ....-ils, contre le scélérat qui (laisser) .... sans pain la maison de retraite d'Auxerre pendant deux ou trois jours à cause de sa grève du pain. Les deux habitants (entrer) ....dans la boulangerie, ils (prendre) .... tout ce que (y avoir) .... et ils (partir) .... en claquant la porte. Mais... pas de chance ! Quand ils (sortir) .... avec leur gros sac plein de croissants et de pains au chocolat, ils (tomber) .... sur la voiture de la police que la femme du boulanger (appeler) ....

écrit

12 ■ À partir de ce mél, récrivez les événements sous forme de fait divers pour un journal local.

Chère Catherine,
J'ai besoin de te parler de ce qui m'est arrivé dimanche dernier.
Je suis sortie en voiture pour aller acheter mes croissants. Je suis arrivée à la boulangerie, j'ai pris ce dont j'avais besoin, j'ai parlé un peu avec Mme Lagache qui proteste toujours contre le comité des fêtes d'Escamps et j'ai repris la voiture, mais... pas de chance ! 500 mètres après la sortie du village, c'est la panne et... figure-toi que c'était une panne sèche : il n'y avait plus d'essence !

....
....
....
....
....

3 comprendre un récit historique

vocabulaire

13 ■ Trouvez les contraires.

a. présent ≠ ***passé***
b. antérieur ≠ ....
c. jeune ≠ ....
d. nouveau ≠ ....
e. durable ≠ ....
f. probable ≠ ....

14 ■ Formez des expressions avec chacun de ces verbes (il peut y avoir plusieurs possibilités).

a. achever ....
b. libérer ....
c. se rendre à ....
d. soumettre ....
e. conquérir ....
f. se révolter contre ....

des soldats – une conquête – une forteresse – un chef – un peuple – un pays.

15 ■ Classez les mots suivants.

un vaincu – un chef – la prospérité – une conquête – un traité – une flotte – l'occupation – le malheur – une forteresse – le droit – une révolte – la concorde – un soldat – une fête – le bonheur.

a. La guerre : ....
....

b. La paix : ....
....

grammaire

16 ■ Situer des événements dans l'histoire. Complétez avec les éléments ci-dessous.

a. .... un roi qui avait une fille et pour laquelle il désirait un époux jeune et noble.
b. .... le chef des Grecs eut accepté la coupe d'eau de Gyptis, le roi le choisit comme gendre.
c. Ce fut ainsi qu' .... le retour de César en Italie, les Gaulois se révoltèrent
d. .... ils furent rentrés chez eux, ils racontèrent à leurs compagnons ce qu'ils avaient vu.
e. Après la conquête de ce pays, d'autres soldats acceptèrent de se joindre à l'expédition. ...., leur chef fut proclamé roi.

un an après – il était une fois – aussitôt que – après que – l'année suivante.

17 ■ Situer dans le temps. Complétez le texte avec les verbes aux temps qui conviennent.

La fondation d'Alexandrie

Alexandre le Grand *(faire)* ***fit*** un rêve. Il *(voir)* .... une fille qui lui *(dire)* .... : « Il y a une île dans la Méditerranée, face à l'Égypte : on l'appelle Pharos. » Aussitôt qu'il *(pouvoir)* .... le faire, le roi *(se rendre)* .... donc à Pharos. Dès qu'il *(arriver)* .... sur l'île, il en *(être)* .... charmé et il *(vouloir)* .... faire tracer le plan d'une ville. Mais il n'*(y avoir)* .... pas de terre blanche pour marquer le tracé de la ville sur la terre noirâtre et, pour ce faire, on *(se contenter)* .... donc de farine. On *(voir)* .... alors des oiseaux affamés venir de l'embouchure du fleuve et manger toute la farine... Plus de ville ? Non, car selon la légende, on *(trouver)* .... que cela signifiait que la nouvelle ville *(être)* .... très riche et que personne ne *(pouvoir)* .... l'affamer.

écrit

18 ■ Racontez à votre correspondant français une légende concernant la ville où vous habitez ou une autre ville de votre pays.

....

....

....

4 exposer un problème

vocabulaire

19 ■ Trouvez les contraires.

a. brillant ≠ ***mat***
b. économique ≠ ....
c. faible ≠ ....
d. haut ≠ ....
e. lourd ≠ ....
f. naturel ≠ ....
g. nocturne ≠ ....
h. rare ≠ ....
i. sauvage ≠ ....
j. supérieur ≠ ....
k. vivant ≠ ....

20 ■ Reliez.

a. aménager
b. développer
c. respecter
d. mesurer
e. évaluer
f. proposer
g. craindre
h. regretter

1. les dégâts sur l'environnement
2. les répercussions sur le tourisme
3. des sanctions
4. le littoral
5. l'économie locale
6. l'absence de prise conscience collective
7. l'environnement
8. l'impact de la pollution

21 ■ Du verbe au nom. Complétez en utilisant vos réponses à l'exercice 20.

a. aménager → ***l'aménagement du littoral***
b. développer → ....
c. respecter → ....
d. mesurer → ....
e. évaluer → ....
f. proposer → ....
g. craindre → ....
h. regretter → ....

grammaire

22 ■ Transformez comme dans l'exemple.

Ex. : illumination du vieux château → ***Le vieux château sera illuminé la nuit.***

a. construction d'un hôtel de 300 chambres
→ ....

b. création d'un nouveau musée d'art moderne
→ ....

c. augmentation massive des impôts
→ ....

d. développement progressif des activités de loisirs
→ ....

23 ■ Exprimer la conséquence. Complétez avec les éléments ci-dessous.

Ex. : Le fuel échappé d'un pétrolier piège tous les organismes vivants, ***c'est pourquoi****, en mars 2000, des milliers d'oiseaux ont été tués par le pétrole de l'Erika.*

a. .... du naufrage de l'Amoco Cadiz ont été lourdes pour les côtes françaises.

b. Les nappes de pétrole ont pénétré jusqu'à 40 mètres à l'intérieur des terres. Toute solution pour nettoyer les plages sera .... difficile à mettre en œuvre.

c. Le naufrage de l'Amoco Cadiz .... une catastrophe écologique.

d. Malheureusement, il y a eu de fortes tempêtes, ... la pollution a atteint les falaises sur une grande hauteur.

e. Le choc provoqué par la vue de ces falaises « peintes en noir » par le pétrole a été énorme : .... on craint une catastrophe touristique.

f. La catastrophe écologique du naufrage risque de .... une catastrophe touristique.

provoquer – donc – si bien que – c'est pourquoi – les conséquences – entraîner.

écrit

24 ■ « Être écologiste, c'est avoir un regard global sur l'avenir de la planète et se sentir responsable », a dit le photographe Yann Arthus-Bertrand.

Et vous, que pensez-vous de l'absence de responsabilité qui est à la base des différentes formes de pollution ? Dites-le dans une lettre pour le courrier des lecteurs de votre journal

....

....

....

5 faire des recherches

vocabulaire

25 ■ Les activités d'un criminel. Associez à ces actions un ou plusieurs objets de la liste ci-dessous.

a. tirer une balle → ....

b. porter un coup → ....

c. empoisonner → ....

d. étouffer → ....

e. noyer → ....

f. voler → ....

un oreiller – un revolver – un médicament – un couteau – de l'argent – des objets d'art – une baignoire – un poignard – un fusil – un poison – des bijoux – une piscine – un bâton – une carte bancaire – un lac – un coussin.

26 ■ Associez un terme concret et un terme abstrait.

a. empoisonner → 3	**1.** un chagrin
b. enlever	**2.** un souvenir
c. étouffer	**3.** la vie
d. mourir	**4.** l'envie
e. noyer	**5.** une initiative
f. voler	**6.** de plaisir

27 ■ Voici des actions. Associez-les aux principaux acteurs d'un roman policier.

avoir beaucoup d'argent – supprimer son amant(e) – préciser le moment du crime – effrayer – laisser un fabuleux héritage – donner un coup de poignard – voler beaucoup d'argent – accumuler les détails – se tromper sur le mobile – payer une rançon – être un tueur en série – recevoir un livre empoisonné – se venger de sa maîtresse – s'appuyer sur des données exactes – avoir un bon alibi – commencer l'enquête.

a. La victime : ***avoir beaucoup d'argent,*** ....

....

....

b. L'enquêteur : ....

....

....

c. Le criminel : ....

....

....

grammaire

28 ■ Imaginer l'assassin. Écrivez les pensées d'un tueur. Aidez-vous du schéma suivant, tiré du texte de la page 17 du livre de l'élève.

Ses pensées allaient à Maigret qu'il *(apercevoir)* ***avait aperçu*** dans la rue. Il le *(voir)* .... petit, gros, toujours de bonne humeur. Pourquoi *(dire)* .... que le commissaire *(aimer)* .... la bonne table ?
Il n'*(avoir)* .... pas d'alliance au doigt. *(être marié)* .... ?
(avoir) .... des enfants ?
Ce matin, Maigret *(ridiculiser)* .... par l'article de Rougin. Et lui aussi, sans doute, *(devoir)* .... réaliser que l'enquête *(commencer mal)* ....
(Réussir) .... à dormir une fois qu'il *(se rendre compte)* .... de son échec ?
Si ses enquêtes le *(rendre)* .... célèbre, quel effet *(aller)* .... provoquer maintenant ce mauvais début d'enquête ?

29 ■ Mme Tournesol, très malade, a été empoisonnée. L'enquête commence. Retrouvez les questions que le commissaire pose à son mari.

a. ....?
– La dernière fois ? À 21 heures. Je suis monté dans sa chambre lui apporter ses médicaments habituels.
b. ....?
– Non, pas pour dormir ! Elle trouvait qu'elle prenait déjà trop de médicaments pour sa maladie.
c. ....?
– Non, je les lui ai laissés sur sa table de nuit.
d. ....?
– Je lui ai demandé si elle avait besoin d'autre chose. Elle m'a répondu que non et je suis descendu regarder un match de football à la télé.
e. ....?
– À minuit, quand je suis monté pour aller me coucher. Je suis passé voir si elle dormait et j'ai vu qu'elle ne respirait plus...

écrit

30 ■ Depuis une semaine, la police parisienne recherche un tueur en série. Écrivez un article sur cette affaire à partir des notes suivantes :

- quartier de Montmartre ;
- deux femmes tuées en une semaine ;
- elles rentraient chez elles tard le soir ;
- arme du crime : un couteau ;
- mise en place d'un piège par la police ;
- une auxiliaire de police judoka
  dans une allée sombre ;
- attaque du tueur.

....

....

....

....

....

entraînement au DELF A3

écrit

LE PARCOURS DU COMBATTANT

L'idée, c'est de compliquer la vie aux hypermarchés. Le projet tire son origine de la lecture d'un article qui expliquait comment les grands commerçants s'y prennent pour vous persuader insidieusement à acheter à peu près n'importe quoi. Voici ce qu'on lit dans la presse spécialisée des professionnels du commerce : « Il est inimaginable de laisser le client se promener comme bon lui semble au milieu des rayons…
Les professionnels savent que neuf personnes sur dix se dirigent spontanément à droite en entrant, avec leur chariot encore vide. Or nous savons que notre client déteste le vide.
À droite on lui proposera donc des livres, des disques, des accessoires auto qu'il va acheter même s'il n'en a pas besoin et qu'il trouve bon marché, vu qu'il n'a encore rien dépensé. » C'est à l'entrée aussi, continue l'article, que l'on dispose les promo coûteuses, type celles sur les ordinateurs…*
Si vous détestez être manipulé par ce genre d'opérations, voici ce que vous pouvez faire.
*Vous vous rendez dans l'hyper le plus proche de chez vous, et vous entrez, le chariot vide bien sûr, mais vous prenez… à gauche. Votre entrée « hors normes » va réveiller l'écran de contrôle qui se met à bipper**.*
Ensuite, très naturellement, pour ne pas attirer l'attention des vigiles, vous commencez à zigzaguer dans le magasin de manière tout à fait imprévisible. L'écran commence alors à siffler, mais vous continuez tranquillement votre promenade ondoyante et… vous regardez droit devant vous. Surtout pas les rayons ! Car ces « braves gens » ont calculé même le nombre d'articles qu'une personne quelconque regarde à la seconde. Et si vous avez un walkman, écoutez vos chansons préférées pour éviter que la musique des haut-parleurs vous plonge dans l'état d'hébétude inconsciente du consommateur satisfait.
Si vous êtes arrivé à ce stade du parcours envisagé, vous êtes devenu suspect. Souriez alors gentiment aux caméras qui vous surveillent depuis l'entrée, et sortez sans rien acheter du tout. Et si, en traversant le parking, vous entendez un drôle de bruit, ne vous inquiétez pas : c'est juste l'écran de contrôle qui a rendu l'âme.
Mission accomplie !

** promo = promotion.*
*** bipper = verbe formé sur l'onomatopée du signal sonore « bip-bip ».*

Compréhension

1. Lisez le texte et dites si ces affirmations sont vraies ou fausses.

	Vrai	Faux
a. Il s'agit d'un article dans un journal.	☐	☐
b. On y parle d'un attentat dans un hypermarché.	☐	☐
c. Le texte est destiné à des professionnels du commerce.	☐	☐
d. Le texte met en relief les moyens employés dans les hypermarchés pour persuader les clients à acheter le maximum de produits.	☐	☐
e. Le texte indique aux lecteurs comment faire pour éviter d'acheter n'importe quoi dans les hypermarchés.	☐	☐
f. Le texte a un ton très grave.	☐	☐

2. Associez les expressions de sens proche.

a. tirer son origine → **7.** naître
b. compliquer la vie
c. s'y prendre
d. se rendre
e. zigzaguer
f. parcours envisagé
g. hébétude
h. drôle

1. aller à droite et à gauche
2. aller
3. itinéraire prévu
4. bizarre
5. stupidité
6. rendre les choses difficiles
7. naître
8. s'organiser

3. Trouvez la bonne explication.

A. « Laisser le client se promener comme bon lui semble ».
- ☐ **a.** Laisser le client aller où il veut.
- ☐ **b.** Laisser le client se promener tranquillement.
- ☐ **c.** Laisser le client se promener dans les meilleurs rayons.

B. « Votre entrée "hors normes" ».
- ☐ **a.** Le fait que vous êtes entré habillé bizarrement.
- ☐ **b.** Le fait que vous êtes entré par la porte secondaire.
- ☐ **c.** Le fait que vous êtes entré en prenant à gauche.

C. « Votre promenade ondoyante ».
- ☐ **a.** Vous vous penchez à droite et à gauche pendant votre promenade.
- ☐ **b.** Vous allez à droite et à gauche au hasard dans votre promenade.
- ☐ **c.** Vous vous arrêtez devant chaque rayon pendant votre promenade.

D. « L'écran de contrôle a rendu l'âme ».
- ☐ **a.** L'écran de contrôle a reproduit votre état d'âme.
- ☐ **b.** L'écran de contrôle a été éteint.
- ☐ **c.** L'écran de contrôle ne fonctionne plus.

4. Comment expliquez-vous le titre : « Le parcours du combattant » ?

....

5. Comment expliquez-vous l'exclamation à la fin du texte : « Mission accomplie ! » ?

....

PRODUCTION ÉCRITE

Vous avez lu le texte « Le parcours du combattant » et vous avez suivi les conseils donnés. Vous écrivez maintenant une lettre à un copain dans laquelle vous racontez votre demi-heure de promenade dans un hypermarché où vous n'avez rien acheté, malgré l'abondance des articles proposés.

oral

1. Qu'est-ce que vous pensez des stratégies de vente des hypermarchés ? Et des conseils donnés par l'auteur du texte ?

2. Et vous, quel projet pourriez-vous formuler pour éviter d'être un consommateur stupide ?

1 se remettre en question

vocabulaire

1 ■ Le regret, l'envie, le souhait. Classez les expressions suivantes dans la bonne catégorie.

À mon grand regret... – Si ça pouvait être vrai... – Quel dommage ! – Pourvu que ça marche ! – C'est bête ! – Tu en as de la chance ! – Hélas ! – Je le voudrais vraiment ! – Malheureusement, c'est raté ! – J'aimerais bien, moi aussi !

a. le regret : ***À mon grand regret...*** ....

b. l'envie : ....

c. le souhait : ....

2 ■ Attribuez ces phrases à un personnage et à une situation.

• *Phrases :*

A. J'aimerais que tu restes plus longtemps.
B. Désolé, mais je crois que c'est le dernier café qu'on boit ensemble.
C. J'envisage d'ouvrir un compte !
D. Pourvu que tout se passe bien !
E. Quel dommage que vous quittiez l'immeuble !

• *Personnages :* **a.** une amie – **b.** un étudiant – **c.** vous – **d.** un client – **e.** votre voisin de palier.
• *Situations :* **1.** au guichet – **2.** avant un examen – **3.** devant chez vous – **4.** au café – **5.** un ami vous quitte.

Ex. : ***A. : J'aimerais que tu restes plus longtemps – c. : vous – 5. : un ami vous quitte.***

B. .... **C.** .... **D.** .... **E.** ....

grammaire

3 ■ Exprimez le regret de diverses façons, comme dans l'exemple.

Ex. : ne pas être à la réunion
→ *Je regrette que vous* ***ne soyez pas à la réunion****.*
→ *Je regrette votre* ***absence à la réunion****.*
→ *Je regrette de* ***ne pas être à la réunion****.*
→ *À mon grand regret, je* ***ne pourrai pas être à la réunion****.*

a. annuler notre rendez-vous
Je regrette que vous ....
Je regrette cette ....
Je regrette de ....
À mon grand regret, je ....

b. partir à l'étranger
Je regrette que vous ....
Je regrette votre ....
Je regrette de ....
À mon grand regret, je ....

c. s'éloigner
Je regrette que vous ....
Je regrette votre ....
Je regrette de ....
À mon grand regret, je ....

écrit

4 ■ Pour la nouvelle année, vous adressez une carte de vœux à un collègue. Vous exprimez les souhaits suivants :

multiplier nos contacts – passer plus de temps ensemble – obtenir ce que tu veux – atteindre tes objectifs – améliorer ta situation

> COM-Tél *L'avenir de la téléphonie...*
>
> *Cher Matthias,*
> *Pour le nouvel an, je souhaite tout d'abord* ....
> ....
> ....

5 ■ Vous écrivez un bref message pour exprimer vos regrets de n'avoir pas pu participer à la fête organisée par une amie pour son mariage.

....
....
....
....

2 demander des informations

vocabulaire

6 ■ Pour chaque destinataire, associez les formules de demande de renseignements et les formules de politesse qui conviennent.

Destinataires	Formules de demande de renseignements	Formules de politesse
A. Service des abonnements du *Monde* **B.** La présidente d'Amnistie Internationale **C.** Amélie **D.** La directrice de l'Alliance française	**1.** Pourriez-vous, je vous prie, m'adresser par retour du courrier un dossier d'inscription pour... **2.** Auriez-vous l'amabilité de me communiquer vos tarifs de... **3.** Auriez-vous l'obligeance de me donner des renseignements sur les points suivants... **4.** J'ai un besoin urgent que tu me dises si oui ou non...	**a.** Bien amicalement. **b.** Veuillez agréer, Madame la Présidente, l'assurance de mon profond respect. **c.** Veuillez agréer, Madame, l'expression de mes sentiments respectueux. **d.** Veuillez agréer, Madame, Monsieur, l'expression de mes salutations les plus cordiales.

A. .... **B.** .... **C.** .... **D.** ....

7 ■ Associez un ou plusieurs mots de la liste à chaque verbe.

a. solliciter : ....

b. obtenir : ....

c. exercer : ....

d. adresser : ....

e. venir : ....

un métier – un rendez-vous – en aide – une réponse – une lettre – une demande – un courrier – une aide – un renseignement – au secours.

grammaire

8 ■ Lisez cette annonce diffusée dans le « Bulletin international » puis complétez la lettre de demande d'informations.

L'École internationale de management de Troyes forme des managers multiculturels

◆ un double diplôme : 1 français + 1 étranger
◆ 2 semestres de stages en entreprise en France ou à l'étranger
◆ 2 années d'études dans des universités partenaires à l'étranger
◆ bilingue ou trilingue pour être à l'aise sur chaque continent

Contact : Valérie Jancar, Groupe ESC Troyes
217, av. Pierre Brossolette – BP 710-10002-Troyes cedex.

..............., le .... 200..

Valérie Jancar
....
....
....

Objet : demande de ....

..................,

Ayant .... dans le « .... » une .... concernant le ...., je m'adresse à vous afin d'avoir des .... sur .... Auriez-vous .... de me .... votre brochure à l'adresse suivante : ....

D'avance, je vous en remercie.
Veuillez agréer, ...
....

9 ■ Demander des informations. Utilisez les éléments suivants pour écrire votre lettre.

A. Associez ces éléments.

a. objet	**1.** Madame
b. destinataire	**2.** parler de votre stage d'été
c. chère	**3.** demande d'information sur le stage intensif de français (juillet)
d. j'ai entendu	**4.** Centre international de langue française de Villerville

B. Remettez ces éléments dans l'ordre.

a. pouvez-vous
b. combien coûte le stage.
c. je voudrais savoir
d. répondre à ces cinq questions :
e. D'autre part,
f. Pour commencer,

C. Classez ces questions par ordre d'importance.

a. Est-ce que les sorties culturelles sont gratuites ?
b. Combien y a-t-il d'étudiants par groupe ?
c. Quels sont les types de cours (méthodes, niveaux...) ?
d. Combien y a-t-il d'heures de cours par jour et par semaine ?
e. Combien coûte le logement ?

écrit

10 ■ « Trop d'informations tue l'information... » a écrit un journaliste du magazine « Actuel » au début des années 1990. Cette phrase est-elle toujours vraie aujourd'hui ? Qu'en pensez-vous ?

....
....
....
....

3 raconter sa formation

vocabulaire

11 ■ Formez l'adjectif (ou le participe passé) à partir des mots suivants :

a. la république → ***républicain***
b. le militantisme → ....
c. l'intellect → ....
d. l'engagement → ....
e. la patrie → ....
f. la Savoie → ....
g. la contrariété → ....

12 ■ Parler de ses origines. Retrouvez dans le témoignage les phrases qui évoquent :

a. la condition sociale : ....
b. l'origine géographique : ....
c. la condition économique : ....
d. l'engagement : ....
e. l'origine familiale : ....

« Je suis originaire de Saint-Domingue. Mes ancêtres étaient esclaves dans les plantations. Mes parents étaient des militants indépendantistes. Mon père travaillait comme maçon et ma mère faisait de la couture à la maison. Nous vivions très modestement. »

13 ■ Classez les verbes ci-dessous dans les cases qui conviennent.

Les origines	Les transmissions	Les influences	Les orientations
....	....	....	....
....	....	....	....
....	....	....	....
....	....	....	....
....	....	....	....
....	....	....	....

être issu de – prédestiner à – opter pour – se diriger – hériter de – influencer – s'orienter – pousser qn à faire qc – transmettre – venir de – être né de – être marqué par qn – suivre (un exemple) – subir une influence – s'identifier à qn.

grammaire

14 ■ Complétez l'interview en choisissant parmi les verbes de la liste.

Journaliste : *Qu'est-ce qui vous a poussée à faire du cinéma ?*

Nadia Covaci : J'***ai été*** très ***marquée*** par mon époque : dans les années 1950, le cinéma était très populaire ! Et puis, je .... l'exemple d'Anna Zarvas, ma tante, une comédienne de théâtre, merveilleusement belle et dynamique, qui m'a fait .... les comédiens. Petite fille, je me .... à elle. Sa personnalité indépendante me beaucoup .... Elle m'a aidée à .... quelque chose de ma vie, à me .... dans la société, à .... de mes choix.

Qu'en pensaient vos parents ?

Ils n'étaient pas d'accord avec mes choix. Ils ne me .... pas à ce métier-là !

Comment avez-vous mené votre carrière ?

Très tôt, je .... pour le cinéma d'auteur. Je .... à travailler avec de jeunes auteurs qui devaient .... leur vision du cinéma. Là aussi je « .... » de bonnes influences !

Aujourd'hui vous enseignez, qu'est-ce que vous .... ***aux jeunes comédiens ?***

Le désir de .... à fond dans leur travail : c'est la seule vraie méthode pour .... un bon niveau !

destiner – imposer – atteindre – influencer – transmettre – s'identifier – décider – subir – faire – opter – s'investir – repérer – suivre – aimer – marquer – se retrouver.

écrit

15 ■ Dans le dernier chapitre de son autobiographie, Anna Zarvas raconte comment elle a aidé sa nièce Nadia à devenir comédienne contre l'avis de ses parents. En vous inspirant de l'interview ci-dessus, écrivez le début de ce récit.

....

....

....

4 savoir se justifier

vocabulaire

16 ■ De qui dit-on... ?

a. Il est débordé de travail ; plus personne ne veut faire ce métier.
b. Il a beaucoup de responsabilités.
c. Il n'a pas à craindre pour son emploi.
d. ***Il est en apprentissage chez un très bon artisan.***
e. Il passe actuellement trois mois dans une entreprise de communication pour se perfectionner.
f. Son entreprise a licencié ; il vient de perdre son emploi.
g. Sa boutique marche très bien.
h. Il y a longtemps qu'il ne travaille plus.
i. Pas question pour lui de prendre des vacances ; d'ailleurs ses moutons n'en prennent pas.

un chômeur – un cadre – ***un apprenti*** *– un commerçant – un fonctionnaire – un retraité – un artisan – un agriculteur – un stagiaire.*

17 ■ Complétez avec l'adjectif qui convient.

a. Cette équipe est difficile à battre. → Cette équipe est .... !
b. Votre interprétation a été remarquée. → C'est une interprétation .... !
c. Je ne supporte pas le bruit. → Le bruit m'est .... !
d. Sa personnalité rassure. → Sa personnalité est .... !
e. Ce joueur n'a jamais été égalé. → Ce joueur est .... !

18 ■ Dans quels buts ces phrases sont-elles prononcées ?

a. Elle a un sale caractère ! → ***nuire***.
b. Vous avez une personnalité remarquable ! → ....
c. Je suis très heureux de vous avoir rencontré. → ....
d. Bonjour et bienvenue parmi nous ! → ....
e. Vous savez, ici, ça ne va pas être drôle tous les jours ! → ....

Dans le but de... : effrayer – être cordial – ***nuire*** *– flatter – accueillir.*

grammaire

19 ■ Mettre en valeur. Transformez ces énoncés en mettant l'élément souligné à la fin de la phrase.

Ex. : <u>une expérience internationale</u>/je peux vous offrir
→ ***Ce que je peux vous offrir, c'est une expérience internationale.***

a. <u>le manque de communication</u>/me met hors de moi
→ ....
b. <u>mon sens de l'humour</u>/mes camarades apprécient
→ ....
c. <u>déménager en pleine période d'examen</u>/a été le plus pénible pour moi
→ ....
d. J'ai mal supporté <u>de ne pas pouvoir voyager autant que je le souhaitais</u> dans ma vie
→ ....

20 ■ Transformez ces énoncés en mettant en valeur les éléments soulignés.

Ex. : Je pars aujourd'hui.
→ ***C'est aujourd'hui que je pars.***

a. Je cherche d'abord des objets faciles à vendre.
b. Le plus sûr est le travail dans la fonction publique.
c. Sa disponibilité est très appréciée par ses voisins.
d. Je viens te voir pour te demander un conseil.
e. Il est indispensable à l'équipe par son sens du jeu.

écrit

21 ■ Répondez à ce témoignage que Jérémie a envoyé sur le site des lecteurs du magazine « Le Monde de l'éducation ».

« Je perçois le monde du travail comme un couloir avec plusieurs portes : ceux qui ne font pas d'études pousseront celle qu'on leur fera pousser car ils n'auront pas le choix, mais ceux qui font des études obtiendront une clé et pourront pousser la porte qui les intéresse » (Jérémie, 25 ans).

....
....
....
....
....
....
....
....
....
....

5 valoriser ses compétences

vocabulaire

22 ■ Définissez ces adjectifs. Cochez la bonne case.

	Vrai	Faux
a. adaptable = qui peut s'adapter	☐	☐
b. débrouillard = qui évite le brouillard	☐	☐
c. exigeant = effrayant	☐	☐
d. persévérant = tenace	☐	☐
e. innovateur = qui propose des choses nouvelles	☐	☐
f. minutieux = méticuleux	☐	☐
g. intuitif = discret	☐	☐

23 ■ Éliminez l'intrus.

a. fondateur – directeur – bureautique – animateur
b. compagnie – comédien – mise en scène – abréviation
c. image professionnelle – relations publiques – comptabilité – communication
d. candidature – recruteur – embauche – marketing

grammaire

24 ■ Complétez cette lettre de candidature en conjuguant les verbes entre parenthèses aux temps qui conviennent.

Laurent Tarzig
6, rue Victor-Hugo
75008 Paris
Tél./Fax : 01 43 20 99 99
Courrier électronique : laurent.tarzig@wanadoo.fr

Direction des ressources humaines
BP 296
Paris cedex 07

Objet : candidature à un poste de direction des ressources humaines

Paris, le 12 février 2003

Madame, Monsieur,

Mes expériences professionnelles m'**ont** beaucoup **appris** sur la vente d'espaces publicitaires et sur la maîtrise d'outils d'analyse économique. De plus, la réalisation de plusieurs projets parallèlement à mes études me .... (permettre) de mettre en œuvre mon goût pour la négociation et l'animation d'équipes.

Fort de cette expérience, je .... (souhaiter) aujourd'hui .... (s'impliquer) dans le management des ressources humaines, dans le domaine des médias. Dans cette perspective, M6 me .... (motiver) beaucoup en raison de ses efforts pour .... (améliorer) la qualité de ses équipes et de ses programmes.

Je vous propose donc de .... (mettre) mes compétences et mes ressources multiples à votre service.

Dans l'attente de vous rencontrer, je vous prie d'agréer, Madame, Monsieur, l'expression de ma considération distinguée.

PJ : CV.

25 ■ Classez les différentes phrases de cette lettre dans les rubriques correspondantes.

a. ce que je sais faire : ....

b. ce que je souhaite faire à l'avenir : ....

c. ce que je sais sur votre entreprise : ....

d. ce que je vous propose : ....

écrit

26 ■ Choisissez l'un de ces personnages et écrivez la page d'accueil de son site web personnel.

- Delphine, 32 ans, infirmière, veut devenir maquilleuse professionnelle.
- Lydia, 40 ans, directrice d'école, veut ouvrir l'été son établissement aux enfants qui, dans différents pays, sont privés d'école.
- Liliane, 45 ans, femme au foyer, veut accueillir en juillet des jeunes de votre pays dans son vieux château en ruines pour qu'ils l'aident à le rénover.
- Hervé, 52 ans, directeur commercial dans la publicité, veut devenir comédien.

....

....

entraînement au DELF A3

Les épreuves orales de cette page sont à faire en classe avec votre professeur.

oral

Entretien avec Maurice Porchet, professeur de biologie à l'université de Lille-I et auteur du rapport sur « Les jeunes et les études scientifiques ».

COMMENT EXPLIQUER LA BAISSE DES EFFECTIFS DANS LES FILIÈRES SCIENTIFIQUES ?

Pourquoi y a-t-il aussi peu d'étudiants inscrits dans les formations scientifiques ?

Maurice Porchet : Les sciences sont considérées comme une discipline élitiste. C'est l'image véhiculée historiquement par la société. Mais les jeunes ont changé. Autrefois, les meilleurs lycéens étaient ceux qui choisissaient allemand, latin et grec ! Ces choix ne sont plus crédibles aujourd'hui, la majorité des bacheliers [...] choisissent des filières courtes. C'est la première raison du manque d'intérêt pour les filières scientifiques.

N'y a-t-il pas d'autres raisons pour expliquer cette baisse ?

M. P. : Le problème est que nous sommes passés de 60 000 bacheliers en 1960 à 500 000 aujourd'hui, sans changer notre pédagogie universitaire [...]. Accueillir un très grand nombre d'étudiants et continuer d'enseigner à l'ancienne n'est pas possible. Les jeunes ne comprennent pas le vocabulaire employé ; la pédagogie est inadaptée [...]. L'université doit améliorer sa pédagogie. Dans l'immédiat, les universités françaises ne sont pas acculées à des fermetures contrairement à l'Écosse qui ne possède plus qu'un seul établissement universitaire enseignant la géologie [...]. Mais à l'horizon 2005-2010, la France sera dans la même situation que ses voisins [...]. Dans le même ordre d'idées, il faut absolument que les enseignants cessent d'ignorer le monde du travail et valorisent les débouchés professionnels pour motiver leurs étudiants !

Allez savoir !, Université de Cergy-Pontoise, n° 23, novembre 2002.

1. Présentez le document en répondant aux questions suivantes :

a. De quel type de documents s'agit-il ? ....

b. Où a-t-il été publié ? ....

c. À qui s'adresse-t-il ? ....

d. Quel est son but ? ....

e. Résumez les principales informations contenues dans ce document.

....

....

2. Répondez aux questions du jury.

a. Qu'est-ce qui a changé dans le monde étudiant depuis 1960 ? ....

b. Que va-t-il se passer si cette baisse des effectifs continue ? ....

c. Que faudrait-il faire pour revaloriser les études scientifiques ? ....

écrit 1

L'HUMANISME UNIVERSEL QUI VIENT

Par Michel Serres*

J'appelle les universités du monde à la diffusion d'un savoir commun. Préoccupé par les incompréhensions et les guerres entre les peuples, je pense que la mise en place d'un tronc commun de savoirs qui réunirait, petit à petit, tous les hommes en commençant par une frange d'étudiants, favoriserait l'avancée de la paix dans le monde. Cet humanisme universel contribuerait à créer une mondialisation pacifique. Je demande donc aux ministres de l'Éducation, aux présidents des universités comme à tous les enseignants de bonne volonté de bien vouloir consacrer tout ou partie de la première année de leur enseignement à un programme commun qui permettrait aux étudiants du monde entier et de toutes les disciplines d'acquérir un horizon semblable de savoir et de culture. À leur tour, ils diffuseraient cet horizon commun. [...] Le partage actuel des études en deux parties – sciences dures et sciences sociales – ne permet ni de comprendre le monde, ni d'anticiper sur le destin des hommes, encore moins à ceux-ci d'agir sur celui-là. Il n'apporte donc pas le bien suprême : la paix.

Ce programme commun de connaissance commune – et commune trois fois : du côté des hommes, du monde et du savoir – contribue à créer ce que l'on pourrait enfin appeler la culture contemporaine, c'est-à-dire un humanisme venu du genre humain et adapté à ses besoins.

*Michel Serres est philosophe et écrivain, membre de l'Académie française, professeur à l'université Stanford (Californie).

(Ce texte est extrait de l'intervention de Michel Serres lors de la 21e séance des Entretiens du XXIe siècle organisés à Paris par l'Unesco le 18 juin 2002.)

1. Lisez le texte et répondez aux questions suivantes sans faire de phrases :

a. À qui s'adresse Michel Serres ? ....

b. Que demande-t-il à ses interlocuteurs ? ....

c. Qu'est-ce qui préoccupe Michel Serres ? ....

d. Quel est le but de l'éducation selon lui ? ....

e. À quoi servirait ce « programme commun » d'études ? ....

f. Quelle sera la grande différence entre ce programme et le système actuel ? ....
....

écrit 2

SPÉCIAL COMMUNICATION-MULTIMÉDIA

JEUX VIDÉO : UN UNIVERS EN PLEIN BOOM
Le DESS Jeux vidéo et média interactifs

Depuis 20 ans, les jeux vidéo connaissent un essor commercial et technologique. Ils constituent maintenant le 3e marché mondial du divertissement, après la TV et le cinéma. Les entreprises françaises affichent de bonnes performances dans ce secteur (1 500 emplois directs) et deux d'entre elles figurent parmi les 10 premières mondiales [...].
C'est pourquoi nous avons créé le DESS « Jeux vidéo et média interactifs » avec les universités de La Rochelle, Poitiers, l'IRCAM, le Centre national de la bande dessinée et de l'Image, le Conservatoire national des Arts et Métiers Poitou-Charente.

Adressez votre candidature à :
Stéphane Natkin, Responsable du DESS
Centre d'études et de recherches informatiques. CNAM. La Rochelle.
Mail : dessjeuvideo@cnam.fr - Internet : deptinfo.cnam.fr/Enseignement/DESSJEUX

1. Lisez cette annonce.

2. Vous adressez votre candidature au responsable de ce Diplôme d'études supérieures spécialisées (DESS). Rédigez une lettre de motivation.

1 s'adapter à la nouveauté

vocabulaire

1 ■ Voici le verbe, trouvez le nom de la personne, puis de l'action.

a. découvrir	***le découvreur***	***la découverte***
b. inventer	....	....
c. observer	....	....
d. interpréter	....	....
e. chercher	....	....
f. dessiner	....	....
g. construire	....	....

2 ■ Trouvez le synonyme.

Ex. : L'entreprise a le goût de la nouveauté.
→ *l'innovation*

a. Elle aime expérimenter de nouvelles solutions.
→ ....

b. Elle cherche la performance.
→ ....

c. Elle est sur un marché en plein essor.
→ ....

d. Ses produits ont quitté le stade expérimental.
→ ....

e. Ils seront en état de marche prochainement.
→ ....

grammaire

3 ■ Exprimer la durée. Complétez avec les expressions ci-dessous.

.... quelques mois, je pense que je serai sorti de cette drôle d'histoire. ...., c'est une question de temps.
Certes, les traces laissées par cette histoire ne disparaîtront pas .... quelques semaines, mais .... un an, peut-être avant, tout le monde aura oublié.
.... le début de cette affaire, on a su qu'il y avait une machination et beaucoup d'informations concordantes sont .... en notre possession. Toutefois, ... aujourd'hui, on n'est pas encore parvenu à la démonter.
On peut penser, en étant optimiste, que ce n'est qu' .... 2010 qu'on pourra reconstituer toute l'affaire, c'est-à-dire .... du moment où le secret sera levé sur certains documents.
dès – à partir de – d'ores et déjà – désormais – au bout de – d'ici... à – dans – en – jusqu'à.

4 ■ Exprimer ses craintes et ses angoisses. Transformez les phrases en utilisant les verbes ci-dessous. Exprimez...

a. votre peur de voir provoquer de graves catastrophes en l'absence de concertation internationale.

b. votre crainte sur les conséquences économiques et culturelles imprévisibles de la révolution du virtuel.

c. votre préoccupation quant aux effets négatifs sur l'environnement produits par les gaz polluants.

d. votre peur du progrès rapide des maladies bactériologiques.

e. la nécessité de faire davantage attention à la dégradation des paysages urbains à l'entrée des villes.

f. votre grande crainte sur l'impossibilité de trouver les causes exactes de l'accident.

a. ***J'ai peur que l'absence de concertation ne provoque de graves catastrophes naturelles.***

b. ....

c. ....

d. ....

e. ....

f. ....

avoir peur – craindre – être préoccupé par – faire attention à – redouter.

écrit

5 ■ Face à l'avenir, qu'est-ce qui vous fait le plus peur et qu'est-ce qui vous rend le plus optimiste ? Dites pourquoi.

....

....

....

....

....

2 résoudre un problème

vocabulaire

6 ■ Reliez.

a. envisager
b. vérifier
c. concevoir
d. réaliser
e. se préoccuper
f. examiner

1. des hypothèses
2. des conséquences
3. des solutions
4 les causes de l'échec
5. un projet
6. une maquette

7 ■ Construisez des expressions avec les verbes ci-dessous.

a. Vous examinez un appareil, vous .... un défaut de fabrication.
b. Vous lancez un nouveau produit, vous .... du suivi de sa commercialisation.
c. Vous constatez un mauvais fonctionnement dans votre équipe, vous .... les différentes solutions.
d. Vous êtes inquiet des mauvais résultats, vous .... de plus près les causes de ces mauvais résultats.
e. Vous savez que ce n'est pas la bonne solution mais vous .... à persister dans l'erreur.

examiner – se préoccuper – constater – s'ingénier – chercher.

8 ■ Quand je dis... qu'est-ce que je fais ?

Ex. : Tu crois que c'est encore faisable ? → ***Je doute.***

a. Cette fois, j'en ai assez, j'arrête. → ....
b. Je trouve qu'il prend des risques inutiles. → ....
c. Je suis sûr qu'on va y arriver. → ....
d. J'ai peur qu'on fasse fausse route. → ....

je m'inquiète – je positive – je doute – j'abandonne.

grammaire

9 ■ Il y a un problème... Mettez dans l'ordre les séquences des actions et faites-en un récit.

a. Examen des différentes hypothèses : imaginer des problèmes de vie conjugale, de travail, de mauvaises nouvelles sur sa santé.
b. Essai d'un traitement en douceur.
c. Préoccupation de la santé morale de votre meilleur ami.
d. Complaisance chez lui à rester dans cet état, à ne pas vouloir en sortir.
e. Constatation d'une mauvaise humeur inhabituelle.
f. Espoir d'un traitement suivi jusqu'au bout.
g. Recherche sur les causes de ces difficultés.
h. Examen des différentes solutions pour l'aider.

Je suis préoccupé par la santé morale de mon meilleur ami. ....
....
....
....
....
....

écrit

10 ■ Quel est le problème de société que vous aimeriez voir résolu le plus rapidement possible ?

....
....
....
....
....
....
....

3 se rencontrer

vocabulaire

11 ■ Classez ces différents sentiments.

heureux – soucieux – inquiet – triste – confiant – mélancolique – euphorique – déprimé – gai – joyeux – désespéré – nostalgique.

(+) : ....

(–) : ....

12 ■ Identifiez les sentiments à partir de ces expressions.

a. « Quelle chance qu'on ait réussi ! » → ....

b. « Tu verras, on y arrivera. » → ....

c. « Tu crois qu'on va être à l'heure au rendez-vous ? » → ....

d. « Magnifique, splendide, elle a tout gagné ! » → ....

e. « Je crois que je n'y arriverai jamais. » → ....

f. « Je suis seul et personne ne m'aime. Qu'attendre de la vie ? » → ....

l'absence de confiance en soi – l'inquiétude – le désespoir – la confiance – l'euphorie – la joie.

13 ■ Donnez le contraire.

En apparence il est :	En réalité, il est :
a. intègre	....
b. spontané	....
c. réservé	....
d. sociable	....
e. facile à vivre	....
f. généreux	....
g. sincère	....
h. passionné	....

grammaire

14 ■ Parler de l'autre pour en savoir plus. Répondez en utilisant « en » ou « y ».

*Ex. : Il est sensible à l'apparence ? → **Oui, il y est sensible**.*

a. Il fait attention à ce que les autres pensent de lui ?

→ Oui, ...

b. Il se préoccupe de son attitude envers les autres ?

→ Oui, ...

c. Il s'efforce donc à ne pas apparaître comme un ours ?

→ Oui, ...

d. Donc il s'oblige à toujours être souriant, agréable ?

→ Oui, ...

15 ■ Trouvez une formulation qui correspond à chacune de ces situations.

Ex. : Vous venez de donner un bon argument, votre interlocuteur l'admet.
→ ***Je suis sensible à votre argument.***

a. Vous invitez une amie à prendre soin d'elle.
→ ....

b. Vous remarquez qu'un collègue qui vient d'apprendre une mauvaise nouvelle cherche à ne pas le montrer. Vous l'invitez à ne pas chercher à être de bonne humeur.
→ ....

c. Vous demandez à quelqu'un de faire attention à l'avenir à ne pas dire n'importe quoi.
→ ....

d. Vous invitez quelqu'un à se forcer à sortir plus souvent.
→ ....

e. Vous conseillez à quelqu'un de faire plus attention à sa manière de s'habiller.
→ ....

écrit

16 ■ Quelle pourrait être aujourd'hui la meilleure manière de rencontrer quelqu'un ? Justifiez votre choix.

....
....
....
....
....
....
....

4 se raconter

vocabulaire

17 ■ Trouver des expressions synonymes.

a. se mettre en mots → ***parler de soi à l'écrit***
b. sortir de soi → ....
c. laisser une empreinte → ....
d. se mettre en scène → ....
e. se cacher derrière un pseudonyme → ....

18 ■ Chassez l'intrus.

a. formuler – noter – rédiger – effleurer.
b. superficiel – important – profond – grave.
c. demande – interpellation – question – attente.
d. communauté – individu – groupe – famille.
e. spécifique – intime – personnel – public.
f. confession – journal intime – mémoires – magazine.

grammaire

19 ■ Quand je dis...

Je demande ou je donne une précision **(A)** – J'interprète des propos **(B)** – Je demande ou je donne une explication **(C)**.

a. ***Tu peux répéter ? → C***

b. C'est un peu confus tout ça ; tu peux redire ça autrement ? → ....

c. Tiens, un exemple... → ....

d. Écoutez, ce n'est vraiment pas clair. Vous ne pouvez pas être plus précis ? → ....

e. Bon, je recommence... → ....

f. Je sais bien qu'un mot peut en cacher un autre, mais à quoi tu fais référence exactement ? → ....

g. Comment pourrais-je te faire comprendre ça ? → ....

h. Tu n'as pas des mots plus simples pour dire ce que tu veux dire ? → ....

i. En clair, ça veut dire ça... → ....

j. Voilà une drôle de manière de dire les choses ! → ....

20 ■ Complétez les enchaînements de phrases en choisissant parmi les mots ci-dessous.

Promesses électorales

« ...., nous mettrons un terme au gaspillage de l'actuelle majorité. ...., nous mettrons un terme au projet d'autoroute urbaine qui devrait raser une partie de la vieille ville ; ...., nous demanderons une étude d'impact sur l'environnement ; ...., nous consulterons la population en créant un comité d'aménagement de la vieille ville. »

Avis contraire

« ...., ce n'est pas le bon moment ; ...., ce n'est pas non plus le bon lieu. .... choix du directeur de projet, mieux vaut ne pas en parler ; ...., vous auriez pu davantage vous informer car .... son professionnalisme, il y a beaucoup à redire ; ...., il est beaucoup plus cher que les autres. Si vous êtes bons pour définir un cahier des charges, ... recrutement, on peut en reparler ! »

quant à – en premier lieu – d'une part – en ce qui concerne – d'autre part – enfin – et surtout – en second lieu – de plus – tout d'abord – en matière de.

écrit

21 ■ Parmi les moyens de communication à votre disposition, quel est celui que vous préférez pour échanger avec vos amis ? Dites pourquoi.

....

....

....

....

....

....

....

....

5 rêver le monde

vocabulaire

22 ■ Donnez le contraire.

a. équitable → ....
b. juste → ....
c. décent → ....
d. durable → ....
e. la concertation → ....
f. le partenariat → ....
g. le développement → ....

23 ■ Du verbe au nom.

a. s'inquiéter → ....
b. menacer → ....
c. constater → ....
d. craindre → ....
e. dénoncer → ....
f. s'interroger → ....

24 ■ Construisez des expressions avec les verbes ci-dessus.

a. .... les ravages du sida.
b. .... les nouvelles formes de terrorisme.
c. .... de l'état sanitaire des populations des pays en voie de développement.
d. .... sur la volonté des gouvernements.
e. .... toutes les formes de violence.
f. .... de bloquer les systèmes informatiques.

grammaire

25 ■ Mettez en valeur l'objet de l'action. Pour vivre en harmonie...

a. Le dialogue doit être constant.
→ ***Il faut que le dialogue soit constant.***

b. Assurer l'accès de tous à l'information, c'est nécessaire.
→ ....

c. Privilégier la recherche du consensus, c'est important.
→ ....

d. Développer des structures de concertation, c'est souhaitable.
→ ....

e. Choisir le compromis plutôt que l'affrontement, c'est préférable.
→ ....

écrit

26 ■ Qu'est-ce que ça signifie pour vous, rêver d'un monde plus juste ?

....

....

....

....

....

....

....

....

entraînement au DELF A3

Les épreuves orales de cette page sont à faire en classe avec votre professeur.

oral

ON EN PARLE…

Ça roule pour le vélo…

Les pistes cyclables rallongent, la location de deux-roues fait un tabac. Cet été, les Français ont la tête dans le guidon.

La roue tourne… Après le règne des motorisées, le vélo retrouve sa place en ville. De Nantes à Strasbourg en passant par Grenoble, le nombre d'accros à la bicyclette s'accroît à la vitesse grand V. « Les associations de cyclistes (22 millions en France) poussent comme des champignons », explique Sandrine Claudepierre, directrice de Fubicy, la Fédération française des usagers de la bicyclette. Un engouement lié à l'aménagement et à la sécurisation des pistes cyclables. À Paris, par exemple, le réseau va s'allonger de 300 kilomètres d'ici à 2010. Des travaux indispensables, car la location de deux-roues est un succès dans la capitale. « Avec 40 000 prêts cette année, la fréquentation des Maisons roue libre (stands de location de vélos de la RATP) explose ! », explique Yves Corniou, chargé du projet. Paris bientôt capitale du vélo ? Au moins l'espace d'une semaine : en septembre, la ville accueillera, pour la première fois en France, le plus grand rendez-vous européen du vélo, Vélo-city. Un Salon pour les professionnels du deux-roues, tel Stéphane Bouriez, créateur du taxi deux-roues. Il transporte les citadins sur son tandem pour 1 € du kilomètre. Un service encore limité à Paris et qui connaît un réel succès auprès de la gent féminine. Des passagères endurantes puisque, sur le tandem, même les clientes pédalent ! ■

Préparez la présentation de ce document à l'aide du questionnaire suivant :

1. De quel genre de document s'agit-il ? ....

2. Qu'est-ce qui justifie sa parution ? (Lisez les trois lignes en plus gros caractères.)

....

3. Comment comprenez-vous le jeu de mots du titre ?

....

4. Retrouvez dans le texte les informations chiffrées qui justifient le titre et les trois premières lignes.

....

....

5. Que pensez-vous de cette évolution ? Vous surprend-elle ? Donnez votre opinion.

....

....

écrit 1

LOISIRS

visite guidée à...

Auvers-sur-Oise

Daubigny, Cézanne, Corot, Pissaro et, bien sûr, Van Gogh sont venus puiser ici leur inspiration. On les comprend...

Le tout premier, Charles-François Daubigny, avait amarré son bateau-atelier, *Le Botin*, sur les berges de l'Oise, au pied du village, vers 1860. Très vite, ses amis peintres viennent le voir. Depuis la gare St-Lazare, les machines à vapeur acheminaient aussi à Auvers des Parisiens avides de parties de campagne et de canotage. Aujourd'hui, sur la place du village, l'auberge Ravoux dresse toujours sa façade peinte. En haut d'un petit escalier de bois, la visite de la chambre où Van Gogh vécut ses derniers mois est un vrai moment d'émotion.

Sur les traces de Van Gogh

On imagine la pile de toiles peintes rangées sous un lit de fer ou celles en train de sécher, accrochées à un clou près de la lucarne. Il y avait là peut-être un champ de blé mûr semé de coquelicots ou bien une vue du village avec son escalier de pierre, ou pourquoi pas le portrait du docteur Gachet. À cet instant, difficile de réaliser que les 70 toiles peintes ici par l'artiste sont dispersées dans les plus grands musées du monde. C'est en se promenant dans les rues et les ruelles que l'on retrouve les lieux qui ont servi de modèles aux peintres. Là où un impressionniste a posé son chevalet, un panneau en indique l'emplacement : devant l'église, dans le jardin de la maison de Daubigny, ou bien sous les drapeaux du 14 Juillet de la mairie. Presque rien n'a changé. On imagine ainsi l'œil de l'artiste traquant la lumière et cherchant la couleur qui traduira le mieux cet orage qui pointe à l'horizon. Les jours de pluie, on peint sur les murs des ateliers. Ainsi, dans celui de Daubigny, on peut encore admirer les fresques peintes. Au cœur du village, dans le musée, une collection de peintures et d'aquarelles explique au visiteur les prémices du mouvement impressionniste, tout juste naissant. Plus loin, le château d'Auvers nous emporte dans une voyage virtuel avec les artistes. Projections, décors et ambiances sonores, films en relief... Il ne manque plus que l'odeur d'essence de térébenthine.

De retour sur la place du village, on fait une halte à l'auberge Ravoux. Et ce ne sera pas une hallucination si l'on voit passer quelque peintre chapeauté et chargé de son chevalet de bois. Il sort de la Cité des artistes, toute proche. Auvers est toujours à pied d'œuvre. ■

Lisez le texte et répondez aux questions suivantes :

1. Quels sont les peintres qui ont fréquenté Auvers-sur-Oise ? Quel est celui qui les invitait ?

....

2. Comment se rendait-on à Auvers-sur-Oise et pour quoi faire ?

....

3. Quelle est la caractéristique de l'auberge Ravoux ?

....

4. Combien de toiles Van Gogh a-t-il peint pendant son séjour ?

....

5. Peut-on encore retrouver des lieux dont se sont inspirés les peintres ? Lesquels ?

....

6. Comment le village célèbre-t-il encore aujourd'hui cette aventure picturale exceptionnelle ?

....

écrit 2

Vous écrivez une lettre à l'office du tourisme d'Auvers-sur-Oise pour préparer un voyage en groupe.

Vous demandez les informations suivantes : conditions d'hébergement et de restauration, types d'activités proposées, possibilité ou non de visites guidées et de circuits personnalisés, prix détaillés...

Vous précisez le profil du groupe (nombre de personnes, âges, centres d'intérêt, objectifs du séjour, etc.).

1 décrire un changement

vocabulaire

1 ■ Dites si les expressions équivalentes sont correctes ou incorrectes.

Expressions	Expressions équivalentes	Correct	Incorrect
a. voir le jour	se réveiller		
b. se remettre à niveau	rattraper un retard dans sa formation		
c. faire le tour d'une profession	apprendre un métier		
d. le côté costume cravate	l'aspect élégant		
e. la langue de bois	une langue morte		
f. en avoir « ras-le-bol »	en avoir marre		
g. faire le point	faire un bilan		
h. trouver sa voie	se retrouver		

2 ■ Faites correspondre chaque dessin avec l'expression qu'il illustre.

a. poser ses valises → dessin n° ......
b. le courant passe → dessin n° ......
c. vivre un parcours du combattant → dessin n° ......
d. avoir un parcours en dents de scie → dessin n° ......
e. prendre la clé des champs → dessin n° ......

3 ■ Remplissez les bulles des dessins ci-dessus en choisissant l'énoncé qui convient.

a. Ici, je vais pouvoir me reposer pour redémarrer vers la vraie vie.
b. Entre nous, le contact est facile et agréable...
c. Mon parcours ? Une suite de réussites et d'échecs...
d. J'ai 30 ans, je quitte tout. Youpi... je vais voir ailleurs !
e. Ma vie ? Une série d'obstacles à franchir... C'est harassant !

grammaire

4 ■ Vous avez pris les notes ci-dessous en les écoutant raconter leur vie. Complétez vos notes pour rédiger un article sur « Les nouveaux départs ».

Ex. : ***Avant Hamid était informaticien : c'était la routine, il n'avait plus de week-ends, il avait perdu sa motivation...***

- Avant : informaticien
→ routine, plus de week-ends, perdre motivation, fait le tour du métier, autres aspirations, alors, vendu ma clientèle.
- Maintenant : moniteur de ski
→ coup de tête, tout plaqué, se réalise, enfin, la vraie vie.
- Dans l'avenir : création école de ski indépendante.

a. Hamid

....

....

....

- Avant : assistante sociale : salaire (–), qualité de vie (– – –), saturation, stress (+++), ras-le-bol, problèmes des gens, tout le temps = être crevé, santé se détraque.
Donc décider changer de vie.
- Maintenant : accompagnatrice de circuits touristiques, réaliser aspirations.
- But : faire rêver les gens, voyager.

b. Mariella

....

....

....

écrit

5 ■ Certains journalistes écrivent que le travail perd de sa valeur dans la société actuelle. Qu'en pensez-vous ?

....

....

....

2 donner des conseils

vocabulaire

6 ■ Un mot intrus s'est glissé dans les mots clés de cette petite annonce pour un poste commercial.

UN DISTRIBUTEUR - UN REPRÉSENTANT
UN STOCK - UNE FACTURE
UN DELTAPLANE - UN CLIENT
UNE BOUTIQUE - UNE RECETTE.

7 ■ Un texte, des mots. Classez ces mots dans le type de texte qui convient.

une galerie – une exposition – un chemin de randonnée – une collection – l'escalade – un tournage – un cocktail – une banque d'images – un site – une base de loisirs – un assistant – un deltaplane – un parachute – un réseau.

a. une brochure sur les sports de plein air : ....

....

b. une invitation au vernissage d'une exposition de peinture : ....

....

c. un prospectus sur une agence multimédia : ....

....

grammaire

8 ■ Reformulez ces conseils en utilisant différentes formes impersonnelles.

1. *Il* (ou *C'*) *est* + adjectif + *de* + infinitif
Ex. : facile/voyager à l'étranger
→ ***Il est facile de voyager à l'étranger*** *ou* ***C'est facile de voyager à l'étranger.***

a. préférable/connaître le dialecte

→ ....

b. inimaginable/débarquer sans le moindre contact

→ ....

c. impensable/survivre là-bas sans un bon équipement

→ ....

2. *Il est + indispensable, conseillé, préférable, souhaitable de*
Ex. : travailler plus ; c'est indispensable
→ ***Il est indispensable de travailler plus.***

a. s'adapter aux situations ; c'est indispensable

→ ....

b. être ouvert aux autres ; c'est conseillé

→ ....

c. aimer les langues ; c'est préférable

→ ....

d. apprécier les autres cultures ; c'est souhaitable

→ ....

3. *Il est + souhaitable, nécessaire, primordial*
Ex. : être très patient dans la communication avec les gens ; c'est souhaitable
→ ***Il est souhaitable que tu sois très patient dans la communication avec les gens.***

a. organiser les visites pour l'exposition ; c'est nécessaire

→ ....

b. mettre en place un réseau de distributeurs ; c'est primordial

→ ....

9 ■ À la forme négative : « il n'est pas nécessaire, souhaitable, indispensable ». Utilisez chacune de ces expressions.

Ex. : partir sans un bon diplôme ; ce n'est pas souhaitable
→ ***Il n'est pas souhaitable que tu partes sans un bon diplôme.***

a. emporter autant d'argent ; ce n'est pas nécessaire
→ ....
b. partir aussi longtemps ; ce n'est pas souhaitable
→ ....
c. prendre tous ses livres ; ce n'est pas indispensable
→ ....

écrit

10 ■ Deux ami(e)s à vous veulent partir vivre sur une île déserte pendant un an. Vous leur écrivez une lettre pour leur donner votre avis et vos conseils.

....
....
....
....
....
....
....
....

3 parler de ses activités

vocabulaire

11 ■ Complétez ce portrait à l'aide des verbes de la liste.

Depuis deux ans, elle .... un atelier de contes tous les jeudis soirs. Elle a .... cette initiative lorsqu'elle s'est retrouvée à la retraite : il était temps de .... ses goûts littéraires avec d'autres. Elle sait .... ses élèves. Ils viennent pour s' ...., pour .... des mots et inventer des histoires. Ils .... beaucoup le fait de .... leur propre créativité.

développer – mettre à l'aise – prendre – partager – animer – apprécier – exprimer – manier.

12 ■ Que font-ils ? Attribuez les verbes correspondant aux différents métiers.

a. infirmier → ....
b. plombier → ....
c. pilote → ....
d. épicier → ....
e. ingénieur → ....

installer – programmer – conduire – servir – soigner – concevoir – vendre – réparer – accélérer – rassurer – vérifier – peser – freiner – tester – secourir.

13 ■ Attribuez à chaque expression la bonne définition.

a. écrire noir sur blanc
b. relever un défi
c. avoir un mal fou
d. apprendre sur le tas

1. avoir d'énormes difficultés
2. se former par l'expérience
3. donner une garantie écrite
4. ne pas s'avouer vaincu

14 ■ Dans quelles situations les phrases suivantes ont-elles été exprimées ?

a. Mais enfin, essaye un peu de te mettre à ma place !
b. Ils agissent comme s'ils étaient en terrain conquis !
c. Mon jeune ami, il est temps que vous preniez des initiatives !
d. Tu exerces une très mauvaise influence sur le patron !

1. un responsable parlant à un jeune embauché
2. un homme expliquant son comportement à une amie
3. une secrétaire plaisantant avec sa collègue
4. deux collègues critiquant la stratégie d'une entreprise concurrente

grammaire

15 ■ Retrouvez la cohérence du texte à l'aide des liens logiques ci-dessous.

Le choix d'un métier

.................., Audrey recherchait un métier en adéquation avec ce qu'elle aimait : la voix et le langage. Elle souhaitait exercer une profession qui nécessite une gymnastique constante de l'esprit. Le métier d'orthophoniste s'est .... imposé à elle.

.................., cette profession offrait de nombreux avantages : .... une certaine mobilité, ... une liberté appréciable, ... une grande autonomie : on ne subit pas la pression d'une hiérarchie. ...., c'était un métier qui offrait une véritable dimension paramédicale.

de plus – enfin – en effet – en premier lieu – au départ – alors – en second lieu.

16 ■ Mettez les verbes entre parenthèses à l'imparfait ou au passé composé.

Elle ***aimait*** *(aimer)* être en contact avec les gens et elle .... *(penser)* que ce métier lui permettrait de développer la communication qu'elle .... *(rechercher)* avec tout le monde.
Elle .... *(exercer)* d'abord ce métier en hôpital car elle .... *(préférer)* travailler en équipe pour commencer. Même si l'idée de travailler avec des enfants l' .... *(enchanter)*, elle .... *(travailler)* aussi avec des adultes.

écrit

17 ■ Est-ce que vous pensez que la chance soit aussi nécessaire que le travail pour réussir ? Justifiez votre réponse.

....
....
....
....
....
....
....
....

4 envisager des conséquences

vocabulaire

18 ■ Formez des expressions avec chacun de ces verbes et les mots de la liste ci-dessous.

a. négocier ....
b. embaucher ....
c. avoir ....
d. effrayer ....
e. impliquer ....
f. responsabiliser ....
g. accueillir ....
h. entraîner ....

des convictions – de terribles conséquences – un contrat – un adversaire – toute son équipe – un ingénieur – son partenaire – un nouveau

19 ■ De l'adjectif à l'adverbe. Transformez.

a. progressif → ***progressivement***
b personnel → ....
c. global → ....
d. chaleureux → ....
e. facile → ....
f. particulier → ....
g. physique → ....
h. technique → ....
i. adroit → ....

20 ■ Complétez ces énoncés par les adverbes ci-dessous.

a. Il rit ....
b. Il y pense ....
c. Il enquête ....
d. Il a été licencié ....
e. Il est .... innocent.
f. Ils sont .... du même niveau.

sensiblement – concrètement – rigoureusement – méthodiquement – antérieurement – nerveusement.

grammaire

21 ■ Formez ces phrases avec « bien que » et « quoique ».

Ex. : adorer voyager/ne plus bouger de mon bureau (je)
→ ***Bien que j'adore voyager, je ne bouge plus de mon bureau.***

a. aimer le travail bien fait/ne pas s'associer avec quelqu'un de sérieux (il)
→ ....

b. écrire tes consignes noir sur blanc/mal interpréter ton message (tu)
→ ....

c. crouler sous le travail/prendre des vacances (nous)

→ ....

d. se fâcher avec lui/continuer à le voir (elle)

→ ....

22 ■ Formez ces phrases avec « avoir beau » au passé composé.

Ex. : responsabiliser toute l'équipe/personne ne s'intéresse à l'avenir du projet
→ ***J'ai eu beau responsabiliser toute l'équipe, personne ne s'est intéressé à l'avenir du projet.***

a. négocier/ne rien obtenir

→ ....

b. s'impliquer/ne pas réussir

→ ....

c. tenter d'effrayer l'adversaire/ne pas avoir peur

→ ....

23 ■ Complétez cette interview avec les verbes de la liste.

Un journaliste de Radio Boulot : Toi, Jean-Paul, en dehors de l'entreprise, comment tu .... personnellement la réduction du temps de travail ?

Jean-Paul : Je dois dire que ça me .... accès à une autre qualité de vie. Pour ma part, je .... cinq jours et je .... chez moi à 16 heures, ce qui me .... d'avoir des activités associatives importantes. D'autres collègues .... leurs 35 heures sur 4 jours pour bénéficier d'un jour de repos supplémentaire ou pour allonger leurs congés annuels. Beaucoup .... leur mercredi pour s'occuper des enfants, d'autres .... avoir un week-end de 3 jours.

permettre – prendre – préférer – travailler – faire – revenir – donner – vivre.

écrit

24 ■ Faut-il vivre pour travailler ou travailler pour vivre ? Développez votre point de vue.

....

....

....

5 concevoir un projet

vocabulaire

25 ■ Complétez cet article avec les mots de la liste.

Les citadins pensent que les horaires des ...., des médecins et des hôpitaux sont bien adaptés à leur mode de vie. En revanche, les .... devraient fonctionner jour et nuit.

De plus en plus, les gens travaillent de jour comme de nuit et ils veulent un .... en continu.

En général, ceux qui demandent que la ville soit « ouverte » plus longtemps sont ceux qui flânent, font du ...., vont au ...., au ...., au .... ou au ....

un restaurant – un gymnase – le cinéma – les transports – les commerces – un musée – un service – le shopping.

26 ■ Attribuez à chacun de ces énoncés la conclusion qui lui convient.

a. J'ai pris l'autoroute pour
b. Tu ne comprends rien : avec toi,
c. En venant travailler ce week-end,
d. À ta place,
e. Ce n'est pas en .... que tu rattraperas le temps perdu.

1. je rattraperai le temps perdu.
2. je perds mon temps.
3. roulant à fond de train
4. arriver à temps.
5. je ne remettrais pas à demain ce que je peux faire le jour même.

27 ■ Associez à chaque terme le mot qui lui correspond.

a. le citoyen → **7.** un État
b. l'individu
c. le citadin
d. l'employé
e. les actifs
f. un représentant élu
g. un parent

1. une entreprise
2. la famille
3. le monde du travail
4. le genre humain
5. la ville
6. les organisations politiques
7. un État

grammaire

28 ■ Rendez ce texte cohérent à l'aide des mots de liaison de la liste ci-dessous.

.... 80 % des femmes de 25 à 49 ans travaillent, les horaires des crèches ne sont pas modifiés ! .... les femmes n'interrompent plus leurs activités à l'arrivée d'un enfant. ...., elles veulent exercer des responsabilités professionnelles identiques à celles des hommes ! ...., à la maison, elles assurent 80 % du travail domestique et 65 % des activités avec les enfants. ...., pour qu'elles puissent continuer à travailler (avec des enfants), il faut développer les services aux familles.

par conséquent – alors que – bien au contraire – or – de plus.

29 ■ Accordez les participes passés.

a. Après avoir .... *(écouter)* les parents, la ville de Saint-Denis a .... *(revoir)* le fonctionnement des crèches : les heures d'arrivée et de départ ont été .... *(assouplir)* et la ville a .... *(multiplier)* les formules partielles.

b. Après avoir .... *(écouter)* les personnes âgées, les horaires des services municipaux de soins à domicile ont été .... *(étendre)* en soirée, le week-end et les jours fériés.

c. Concernant les actifs (dont 60 % se déplacent en bus et métro), un dialogue est .... *(engager)* pour allonger les horaires de transport en commun après minuit.

écrit

30 ■ Dans un rapport sur la Politique des Temps, un ministre note : « Chacun souhaite être "acteur de sa propre vie", avoir son mot à dire en tant qu'habitant, citoyen, travailleur, parent, enfant. Chacun souhaite avoir autant que possible son propre rythme avec pour conséquence : la diversité. » Comment faire pour concilier les besoins de tous ? Quelles sont les bonnes et les mauvaises solutions ? Développez.

....
....
....

entraînement au DELF A3

Les épreuves orales de cette page sont à faire en classe avec votre professeur.

oral

ENTREPRENDRE
UN CONGÉ POUR CHANGER DE VIE

Une secrétaire de direction est devenue comédienne, un logisticien s'est reconverti en boulanger grâce à ce formidable dispositif qui permet de prendre un congé payé pour se former afin de changer de métier. Mais, faute de financement, 54 % seulement des candidatures aboutissent.

Si vous voulez essayer

Le CIF (Congé individuel de formation) a été conçu pour que chaque salarié puisse trouver les moyens de se former, indépendamment de son employeur, s'il le souhaite. Il est destiné aux salariés justifiant d'une ancienneté au travail d'au moins 24 mois et à d'anciens titulaires de contrats à durée déterminée. Le congé peut être court ou long, d'un bloc ou de quelques heures par semaine, pris sur son temps de travail, rémunéré. Pour être accepté, une demande de CIF doit répondre à certains critères : adaptation à un nouvel emploi, promotion dans l'emploi occupé, adaptation à de nouvelles techniques, préparation à une reconversion, acquisition de nouvelles compétences. Il est recommandé de faire auparavant un bilan sur son parcours professionnel et ses compétences.
S'adresser au Fonds de Gestion du CIF de sa région et aussi www.c-i-f.fr) ■

1. Présentez le document en répondant aux questions suivantes :

a. De quel type de document s'agit-il ? ....

b. À qui s'adresse-t-il ? ....

c. Quel est son but ? ....

d. Résumez les principales informations contenues dans ce document.
....
....

2. Répondez aux questions du jury.

a. À quoi sert un Congé individuel de formation (CIF) ? ....
....

b. Pourquoi seules 54 % des candidatures sont-elles acceptées ? ....
....

c. Pourquoi est-il recommandé de faire un bilan de compétences avant de demander un Congé individuel de formation (CIF) ?
....
....

écrit 1

VOTRE HOROSCOPE PROFESSIONNEL...

LE SIGNE DU MOIS

POISSONS (20 février/20 mars)

Vous vivez dans deux sphères différentes. La première, celle de la vie professionnelle, vous demande de vous auto-surveiller en permanence, d'être déterminé et froid. La seconde (la sphère familiale) vous protège de la première. C'est dans ce cadre intime que vous vous ressourcez.

2 - Bélier (21 mars/20 avril)
Soyez positif quelles que soient les réactions que vous suscitez. Vos idées dérangent et il vous faudra persuader. Mais pour communiquer, votre talent est immense.

3 - Taureau (21 avril/20 mai)
Admettez-le, vous ne supportez aucune critique. Comme vous êtes perfectionniste, vous détestez déléguer et vous agissez seul. Cette fois, votre ambition déplaît. Ne tentez surtout pas d'imposer votre volonté par la force !

4 - Gémeaux (21 mai/21 juin)
Période compliquée : vous devrez peut-être renoncer à des idées importantes faute de bien les communiquer. Votre difficulté à vous faire comprendre vous énerve et vous rend agressif.

5 - Cancer (22 juin/21 juillet)
Déçu, mal à l'aise, vous avez le sentiment d'avoir beaucoup donné et de faire les frais des luttes de pouvoir ! Ne dites pas « à quoi bon ? » et gardez le sens de l'humour.

6 - Lion (22 juillet/21 août)
Évidemment ! Si vous vous obstinez à dire tout haut ce que les autres pensent tout bas... Vous adorez ce rôle de justicier au grand cœur. Attention !

7 - Vierge (22 août/22 septembre)
Bonnes décisions financières qui embellissent votre vie, sans vous mettre en péril. En plus, vous adorez les débats d'idées dans votre boulot. Vous êtes dans une très bonne période.

8 - Balance (23 septembre/22 octobre)
Méfiez-vous des compliments de votre supérieur hiérarchique : prenez le temps de réfléchir avant d'accepter un changement de poste. Gardez la tête froide.

9 - Scorpion (23 octobre/21 novembre)
Ne jouez pas les tyrans et apprenez à déléguer. L'échec est inévitable si vous gardez le pouvoir sur tout. De plus, vous risquez d'y laisser votre santé. À vous de choisir.

10 - Sagittaire (22 novembre/20 décembre)
Vous voilà en train de douter. Vous avez lancé nombre de projets et angoissez à l'idée de ne pas être à la hauteur de vos propres défis. Tranquillisez-vous !

11 - Capricorne (21 décembre/19 janvier)
Vous avez réussi très vite là où d'autres avaient échoué avant vous. Maintenant, prenez du temps pour encourager toutes les initiatives de vos collaborateurs. Donnez-leur votre recette afin de désamorcer leur jalousie !

12 - Verseau (20 janvier/19 février)
Vous avez besoin de prendre du recul pour retrouver votre entrain et votre dynamisme. Prenez vos RTT ! Partez à la campagne. Vous serez mille fois plus efficace en revenant.

1. Lisez ce document et associez à chacune de ces 12 reformulations l'horoscope qui correspond.

a. Il sait communiquer ses idées avec talent → ....
b. Il ne sait pas partager ses idées avec les autres. → ....
c. Il a deux comportements opposés dans sa vie privée et au travail. → ....
d. Il formule clairement ce que les autres n'osent pas dire. → ....
e. À force de vouloir tout dominer, il risque l'échec et la maladie. → ....
f. Il doit se reposer pour se remobiliser dans son travail. → ....
g. Il est à l'aise à la fois sur le plan matériel et communicationnel. → ....
h. Il a l'impression d'avoir été manipulé. → ....
i. Par souci exagéré du travail bien fait, il travaille absolument seul. → ....
j. Il doit aussi aider les autres à réussir dans leurs projets. → ....
k. Il doit se méfier des changements qui lui sont proposés. → ....
l. Il éprouve du stress à l'idée de ne pas pouvoir accomplir ses objectifs. → ....

2. Croyez-vous aux horoscopes ? Expliquez votre point de vue en quelques lignes.

....
....
....

écrit 2

Lisez cette petite annonce et envoyez votre lettre de motivation.

URGENT :
le Parc floral de Paris recrute pour l'été des employés saisonniers en contrat à durée déterminée

Vous serez chargé(e) sur l'aire de jeux du Parc floral de la conception et de la mise en place d'animations variées, de l'accueil du public et de l'encadrement des activités.

Nous vous offrons 8,31 €/heure brut. 30 heures hebdo.
Attention : cet emploi nécessite une présence week-ends et jours fériés.

ADRESSEZ VOTRE LETTRE DE MOTIVATION, C.V. ET PHOTO À :
A.A.P.P.F.P.-16 ROUTE DE LA BRASSERIE - 75012 PARIS

1 débattre

vocabulaire

1 ■ Éliminez l'intrus.

a. boutique – entrepreneur – magasin – usine – atelier
b. entrepreneur – salaire – client – patron – vendeur
c. article – prix – solde – euro – réduction
d. main-d'œuvre – job – salaire – travail – boutique

2 ■ « Il ne faudrait jamais acheter des vêtements de cette marque qui fait travailler des enfants dans ses usines... » Quelles sont les réactions ? Aidez-vous de la liste.

QUAND JE DIS...	J'EXPRIME
Ex. : Oui, tu as tout à fait raison.	***l'accord***
a. Ne va pas me faire croire que tu te renseignes sur toutes les usines de vêtements.	....
b. Je dois avouer que souvent je ne fais pas attention à tout cela.	....
c. Ben, je ne sais pas trop si cela sert à quelque chose...	....
d. Tiens ! Je ne savais pas que cette marque exploite aussi le travail des enfants.	....
e. Bof ! Tu sais, ça m'est égal, de toute façon il y aura toujours des exploiteurs et des exploités.	....
f. C'est bien ce que je répète depuis un certain temps.	....

l'indifférence – le désaccord – l'intérêt – l'insistance – la concession – l'hésitation.

grammaire

3 ■ Opinions contraires. Transformez les phrases comme dans l'exemple. Attention aux temps des verbes !

Ex. : Vous avez une mauvaise idée de ce projet. (être irréalisable)
→ ***Je ne pense pas qu'il soit irréalisable !***

a. Vous vous faites trop de soucis pour l'argent. *(falloir tout abandonner)*
→ Je ne crois pas qu'il ....
b. Vous dites que les produits bio se vendent mal. *(n'avoir aucun succès)*
→ Moi, je ne trouve pas qu'ils ....
c. Vous estimez que ces types de produits coûtent trop cher par rapport aux autres. *(faire seulement attention aux prix)*
→ Je regrette que vous ....
d. Vous pensez qu'on devrait avoir des vendeurs professionnels. *(pouvoir se le permettre dès le début)*
→ Je ne suis pas sûr qu'on ....
e. Vous estimez qu'il y a trop de risques ? *(ne pas vouloir s'engager)*
→ Je suis vraiment désolé que vous ....

4 ■ Doutes et certitudes. Complétez les phrases. Aidez-vous de la liste ci-dessous.

Ex. : ***Je ne crois pas*** *que le commerce éthique serve à aider les gens exploités./* ***Je suis convaincu*** *que le commerce éthique sert à aider les gens exploités.*

a. ***M. Lenoir est persuadé*** qu'il faut diffuser l'idée du commerce éthique par tous les moyens.
b. .... qu'une vedette du cinéma ou du sport doive signer des accords avec des marques qui exploitent le travail des enfants.
c. .... que tu aies bien compris mes raisons.
d. .... qu'on veuille faire du profit même avec le commerce éthique !
e. .... qu'il trouverait sa voie dans ce nouveau métier.

f. .... que, avec ce type de commerce, on fait vraiment quelque chose de concret pour les enfants exploités.

g. .... sur ce qu'on vend dans les magasins Alter Eco.

h. .... que tu as très bien compris ce que j'ai dit.

Vous admettrez – Il était sûr – Il estime – J'aimerais avoir plus de détails – Je sais – Nous ne croyons pas – Je ne crois pas – M. Lenoir est persuadé.

écrit

5 ■ Répondez à Carole. Vous la félicitez, mais vous exprimez aussi vos doutes et vos perplexités sur son nouveau métier. Vous demandez aussi des précisions sur les produits de son magasin.

....
....
....
....
....
....
....
....
....
....
....
....
....

Salut Viviane,
Le rêve est devenu réalité ! Marc et moi, on va enfin ouvrir notre magasin bio. Tout n'a pas été facile et on a eu souvent la sensation qu'on ne réussirait jamais. C'était un peu le parcours du combattant, mais le pari est gagné et je crois qu'on a vraiment trouvé notre voie là-dedans.
On t'attend pour l'inauguration.
À bientôt.
Carole

2 parler de la publicité

vocabulaire

6 ■ Associez à chaque slogan son produit.

a. Ayez la peau reposée en moins d'une heure !

b. Chez Hortense, les plantes sont comme des reines.

c. Vos cheveux méritent de la douceur !

d. Aux grands voyageurs, les meilleurs services !

e. À LA CHOPE D'ALSACE, POUR DÉGUSTER LES FRUITS DE MER LES PLUS FRAIS !

f. Pour réussir, restez jeune, gardez la forme !

g. ROULEZ ET RÊVEZ : PLUS DE PUISSANCE, PLUS DE SILENCE, PLUS DE CONFORT !

le magasin d'une fleuriste – un shampoing – une agence de voyages – un gymnase – une crème de beauté – une marque de voiture – une brasserie.

7 ■ Du verbe au nom. Trouvez la personne correspondante.

a. acheter → ***un acheteur***
b. analyser → ....
c. chercher → ....
d. connaître → ....
e. danser → ....
f. correspondre → ....
g. informer → ....
h. rêver → ....
i. savoir → ....
j. séduire → ....
k. servir → ....

grammaire

8 ■ Convaincre et promettre. Complétez et réutilisez les verbes entre parenthèses.

Ex. : (investir) *votre argent/vous* (être) *millionnaire*
→ ***Investissez votre argent : vous serez millionnaire.***

a. *(ne pas s'endormir)* sur votre argent/*(venir)* nous voir/nous *(faire)* votre bonheur
→ ....

b. *(s'offrir)* les meilleures options/vous *(devenir)* riche
→ ....

c. *(faire)* -nous confiance/vous *(multiplier)* votre argent
→ ....

d. Des euros pour être heureux. *(ne pas avoir peur)* du risque/vous *(voir)* les résultats
→ ....

e. *(suivre)* nos conseils/vous *(obtenir)* des résultats fabuleux en moins d'un mois
→ ....

f. *(ne pas se laisser conditionner)* par les bruits qui courent/*(confier)* -nous vos économies/vous *(s'apercevoir)* de la différence
→ ....

9 ■ Comparer. Complétez ces phrases avec les éléments de la liste. Attention ! Plusieurs choix sont possibles.

*Ex. : Ces publicités sont toutes **plus** belles les unes **que** les autres.*

a. Les dernières statistiques disent que cette semaine on a passé à la télé .... spots pour les lessives .... la semaine dernière.
b. On pourrait dépenser un peu .... l'année dernière en spots !
c. Vous travaillez .... les autres, mais vous gagnez ....
d. Nous respectons la tradition. Des chocolats .... ceux que vous mangiez dans votre enfance !
e. Rien n'est .... délicat .... la congélation des champignons. Avec notre façon de faire, le goût n'est pas altéré.
f. Soyez .... fort .... votre adversaire : fréquentez nos cours de karaté.
g. .... léger .... un yaourt, ce fromage vous permettra d'être en forme sans grossir.
h. L'origine des mots modernes est parfois .... confuse .... celle des vieilles histoires drôles. Avec notre nouveau dictionnaire, vous saurez tout des uns et des autres.

plus... que – autant de... que – moins que – meilleur que – moins que... autant – aussi... que.

écrit

10 ■ Publifan, publibof ou publibeurk ? Comparez les trois profils en analysant le rôle que joue la publicité dans la vie de ces trois personnes.

....
....
....
....
....

3 caractériser un objet

vocabulaire

11 ■ Associez les contraires.

a. rare	**1.** baroque
b. vulgaire	**2.** ancien
c. élégant	**3.** laid
d. beau	**4.** insignifiant
e. original	**5.** distingué
f. coloré	**6.** commun
g. classique	**7.** habituel
h. choquant	**8.** négligé
i. contemporain	**9.** terne

12 ■ De quelle langue viennent les mots suivants ? Consultez la liste et aidez-vous d'un dictionnaire.

a. bar : ....
b. barman : ....
c. designer : ....
d. saga : ....
e. spot : ....
f. soda : ....
g. kitsch : ....
h. minimum : ....
i. ski : ....
j. café : ....
k. humour : ....

turc – allemand – anglais – latin – norvégien.

grammaire

13 ■ Caractériser, apprécier, demander ou donner des précisions. Identifiez les actes de communication.

Ex. : Ce fauteuil et cette petite table sont ravissants ! → ***apprécier***

a. Le lave-vaisselle que j'ai acheté il y a un mois est une catastrophe. → ....
b. Qu'est-ce qui ne marche pas ? → ....
c. À quoi sert ce truc ? On dirait un petit panier renversé. → ....
d. C'est bien comme lampe de chevet. → ....
e. Mais tu as vu ce divan ? C'est d'un kitsch... → ....
f. À quoi reconnaissez-vous les meubles Louis XV ? → ....
g. Regarde ce presse-citron ! C'est génial, tu ne trouves pas ? → ....
h. Oui, le chapeau de la lampe est en tissu plissé. → ....
i. Normalement on s'en sert pour protéger la table → ....

14 ■ Faites les transformations nécessaires.

Ex. : Je vais vous parler de ces meubles. Aujourd'hui ils sont très connus.
→ Je vais vous parler de ces meubles qui aujourd'hui sont très connus.

a. Philippe Starck est un designer. On lui attribue la création d'objets célèbres.
→ ....
b. Il a construit ce bateau. On peut y vivre à quatre.
→ ....
c. J'ai vu une lampe dans la vitrine. Je ferais bien une folie pour cet objet.
→ ....

d. Je vais vous montrer des objets. Les gens s'en servent habituellement.

→ ....

e. On m'a fait une seule démonstration de cet appareil. Elle ne me semble pas suffisante.

→ ....

f. Enfin ! J'ai acheté un ordinateur ! J'en avais vraiment besoin.

→ ....

g. Je dois lire le mode d'emploi. Je n'aime pas du tout faire cela.

→ ....

écrit

15 ■ Identifiez-vous à un des objets de l'encadré et racontez votre vie. Vous préciserez :

- qui vous êtes et comment vous êtes (forme, dimension, matériaux) ;
- qui vous a construit et comment ;
- les lieux où vous avez vécu ;
- comment vous avez été utilisé ;
- qui ont été vos propriétaires, vos amis et vos ennemis ;
- quels ont été les changements importants de votre vie.

> une vieille poupée – un vieux chapeau – une vieille voiture – une vieille table – un vieux cahier – un vieux fauteuil – une vieille bouteille – un vieux magnétophone – un vieux parapluie – une vieille casserole.

....

....

....

....

....

4 commenter un récit

vocabulaire

16 ■ Associez chacun des métiers avec les actions de la liste.

Ex. : un instituteur ***enseigne à l'école primaire***

a. un chauffeur ....

b. un pèlerin ....

c. un chef d'orchestre ....

d. un gardien ....

e. un chef de village ....

f. un berger ....

g. un ouvrier ....

h. un commerçant ....

i. un garagiste ....

garde les moutons – conduit une voiture ou un camion – travaille dans une usine – surveille un lieu – dirige un orchestre – vend des produits – donne des conseils, résout des problèmes – répare des voitures – fait un long voyage pour visiter un lieu sacré pour sa religion.

17 ■ Dites-le autrement.

Ex. : Normalement le congrès des professeurs de français se tient à Paris.
→ ***Normalement le congrès des professeurs de français a lieu à Paris.***

a. Pouvez-vous me dire où est passée la secrétaire ?
→ ....
b. Il me fait de la peine...
→ ....
c. Il m'a montré du doigt où était la boulangerie la plus proche.
→ ....
d. Ça, c'est du solide !
→ ....
e. À présent, dégagez !
→ ....

grammaire

18 ■ Qu'est-ce qui s'est passé ? Mettez les phrases au style indirect comme dans l'exemple.

Ex. : Où sont passés les enfants ? (demander – je)
→ ***Je lui ai demandé où étaient passés les enfants.***

a. Ils sont partis, mais je ne sais pas où. *(répondre – il)*
→ ....
b. Mais pourquoi ne sont-ils pas allés à l'école ? *(demander – je)*
→ ....
c. Peut-être voulaient-ils profiter du beau temps... *(répliquer – il)*
→ ....
d. Je ne le crois pas. Je dois aller les chercher. *(répondre – je)*
→ ....
e. Tu veux vraiment les aider ? Ne va pas les chercher loin, regarde autour de toi ! *(demander, dire – il)*
→ ....
f. Qu'est-ce que tu veux dire ? Ils se sont cachés pour se moquer de moi ? *(demander – je)*
→ ....

19 ■ Changer de point de vue. Complétez le récit en employant les temps du passé.

La porte de la bâtisse ***était*** *(être)* fermée. Pierre .... *(essayer)* de la forcer, mais un gardien le .... *(menacer)* avec un gourdin. Alors Pierre .... *(reculer)* et .... *(attendre)*. Puis il .... *(proposer)* quelques cigarettes au gardien et celui-ci lui .... *(ouvrir)* la porte. Pierre .... *(suivre)* un long couloir et .... *(arriver)* dans une salle où une centaine d'enfants .... *(coudre)* des morceaux de cuir blanc et noir. Mes élèves .... *(fabriquer)* des ballons pour la prochaine Coupe du monde de football. La tête baissée, ils .... *(travailler)* en silence et rapidement. Les ballons .... *(tester)* par un chef blanc, puis les enfants les .... *(mettre)* dans des filets. Pierre .... *(s'approcher)*. Il .... *(vouloir)* demander pourquoi on .... *(faire)* travailler des enfants, mais le chef blanc ne lui .... *(permettre)* pas de poser des questions et même, il lui .... *(dire)* de sortir immédiatement.

écrit

20 ■ Dans votre journal intime, vous parlez de la personne que vous avez le plus aimée ou le plus détestée dans votre vie scolaire ou étudiante.

....

....

....

....

....

....

5 créer son vocabulaire

vocabulaire

21 ■ Chassez l'intrus.

a. renps – reup – reum – mortel
b. chichi – zikmu – pakpak – zonzon
c. grave – chouraver – mater – kiffer
d. se radiner – se saper – halluciner – kiffer
e. nuigrave – keum – gossbo – kisdé

22 ■ Qu'est-ce qu'ils expriment ?

a. Trop mortelle l'ambiance de c'tte teuf !
b. Y en a grave marre de ce vieux tacot !
c. Grave, le taf de ton reup !
d. J'fais une teuf sam'di, y aura plein de zikmu !
e. Mate ce skeud... T'as de la maille ?

1. considération
2. demande de service
3. irritation
4. enthousiasme
5. invitation

23 ■ Associez ces phrases à la personne qui aurait pu les dire.

a. Elle est grave, la meuf !
b. Tu connais le nouveau locataire du deuxième ?
c. Nous attendons de nouveaux modèles demain.
d. Mais qu'est-ce qu'il fait, le concierge ?
e. Ah ! je regrette, on les a tous vendus.
f. Dis donc, tu es rentré tard...
g. Je peux vous aider ?
h. Dégage et fiche-moi la paix !
i. Tu as entendu le bruit au cinquième ?...
j. On se calme...
k. Vous cherchez quelque chose de particulier ?
l. Tu t'es bien amusé, hier soir ?
m. Alors mortelle, la teuf ?

- Un pote de banlieue : ***Pas de maille, pas de skeuds*** !
- Un voisin : ....
- Un commerçant : ....
- Un père ou une mère de famille : ....

24 ■ Trouvez le sens propre de ces mots « djeun's ». Aidez-vous d'un dictionnaire.

Ex. : Halluciner → sens figuré : ne pas croire à ses yeux.
→ sens propre : ***provoquer des hallucinations (perception pathologique de faits qui n'existent pas)****.*

a. mortel → extraordinaire
→ ....
b. maille → argent
→ ....
c. grave → beaucoup, très
→ ....
d. cramé → en panne
→ ....
e. mater → regarder
→ ....

25 ■ Devinettes « djeun's ».

a. Réponse possible à « comment ça va ? » ....
b. Chef de famille. ....
c. On peut l'entendre quand on rate le bus. ....
d. Les nouveaux flics. ....
e. Si sa dernière est « r », c'est un instrument employé par la marine militaire. ....
f. Elle nuit gravement à la santé. ....
g. Sur les B.D. c'est plutôt le bruit que fait le train. ....
h. Dernier frère. ....

keuf, kisdé – nuigrave – reup – teuf – askeum – ta race ! – sonar – teuf.

écrit

26 ■ Envoyez des messages.

a. Écrivez un mél à un(e) ami(e) pour l'inviter à une fête.

....
....
....
....

b. Écrivez un petit mot à quelqu'un de votre famille pour lui raconter un petit accident qui vous est arrivé.

....
....
....
....

entraînement au DELF A3

Les épreuves orales de cette page sont à faire en classe avec votre professeur.

À chacun sa pub...

Vous voulez savoir qui est l'inventeur du téléphone et vous consultez une encyclopédie ? Eh bien, vous serez surpris de ne pas trouver la même réponse... L'encyclopédie multimédia *Encarta* vous dira que c'est Alexander Graham Bell, par exemple, dans les éditions américaine ou allemande ; Antonio Meucci, dans la version italienne... Et on ne raconte pas la bataille de Waterloo de la même manière selon que l'on consulte le même ouvrage en Angleterre ou en France. Avec *Encarta*, les questions restent les mêmes, mais les réponses sont à géométrie variable...

Chez McDonald's, on mange plutôt sur le pouce, en famille et bon marché. On retrouve partout la même enseigne commerciale, les mêmes recettes, la même manière de cuire les frites... Mais les hamburgers sont préparés avec de la viande kascher* en Israël, avec de la moutarde et du poivre en France, sans bœuf en Inde.

En Chine, les grandes marques de yaourt vendent leurs produits avec une petite cuillère qui accompagne chaque pot, et les mêmes shampooings, qu'on trouve en Europe en flacon « famille », sont vendus en doses individuelles. Il y a quelque temps, la marque de voiture italienne Alfa Romeo avait dû rebaptiser ses « 164 » en « 168 », car à Pékin, le 4 symbolise la mort tandis que le 8 porte chance. On adapte les produits, on corrige les publicités en fonction des différences culturelles que fabricants et conseillers en marketing sont obligés d'analyser... sous peine de stocks de produits invendus. Comme ce lessivier qui chantait les mérites de sa dernière poudre miracle : l'affiche publicitaire montrait, à gauche, du linge sale ; au milieu, la nouvelle lessive ; et, à droite, le linge propre et repassé. Échec total de la campagne au Moyen-Orient, car le public regardait l'affiche de... droite à gauche !

Là où l'on voit que la mondialisation en marche est loin d'avoir éliminé les différences de comportements chez les consommateurs, en particulier dans le domaine de l'alimentation où les habitudes et les goûts sont durs à modifier. Les Américains, par exemple, mangent les huîtres cuites dans un court-bouillon au lait après les avoir sorties de leur coquille, alors que les Français les mangent crues dans leur coquille... et, pas question d'éliminer la différence, vu que les uns trouvent barbare la pratique des autres et vice-versa !

Faute de pouvoir imposer goûts et habitudes, voici donc les entreprises obligées de multiplier les options pour ne pas perdre des marchés entiers. « Parfois, le nom d'une marchandise est ce qui reste quand tout change », avoue le publicitaire d'une célèbre marque de parfums.

Interculturel, avril 2003.

*viande kascher = se dit des viandes d'animaux abattus selon les rites hébraïques et préparées conformément à ces rites.

oral

Lisez le document ci-dessus et présentez-le à l'aide des questions suivantes :

a. De quel genre de document s'agit-il ? ....

b. D'où est-il extrait ? ....

c. Quelle est sa fonction ? ....

d. Quel est le sujet traité ? ....

e. Sur quelles caractéristiques de la publicité met-on l'accent ? ....

f. Le texte vous paraît-il intéressant ? Pourquoi ? ....

écrit

COMPRÉHENSION

1. Retrouvez, dans la liste ci-dessous, les produits mentionnés dans le document.

a. parfums – **b.** lessive – **c.** ordinateurs – **d.** crèmes de beauté – **e.** yaourts – **f.** encyclopédies – **g.** voitures – **h.** hamburgers – **i.** shampoings – **j.** huîtres

2. Relisez le texte et répondez aux questions suivantes :

a. Qui est l'inventeur du téléphone selon l'encyclopédie *Encarta* ?

....

b. Quelle est la différence entre les hamburgers qu'on mange à Tel-Aviv et ceux qu'on mange à Paris ?

....

c. Comment sont présentés les yaourts en Chine ?

....

d. Quel est le numéro porte-bonheur en Chine ?

....

e. Comment mange-t-on les huîtres :

– aux États-Unis : .... ? – en France : .... ?

3. Retrouvez dans le texte les expressions qui signifient :

a. On répond selon les circonstances.

....

b. On mange debout et sans assiette.

....

c. Changer le nom d'un produit.

....

d. Il vantait les qualités de son produit.

....

e. La mondialisation n'a pas du tout éliminé...

....

4. Pourquoi les grandes entreprises sont-elles obligées de modifier la publicité et la présentation du même produit en fonction des pays ?

....

5. Quel est l'exemple de campagne publicitaire ratée donné dans le document ? Quelle est la cause de l'échec ?

....

6. Quel est le secteur dans lequel les habitudes des gens sont plus difficiles à modifier ?

....

PRODUCTION ÉCRITE

La publicité ci-contre vous intéresse et vous pensez vous abonner.
Vous écrivez à la revue pour vous renseigner.

a. Vous dites quelles sont les raisons de votre intérêt.

b. Vous demandez des précisions sur :

- les types d'abonnement qu'on peut souscrire ;
- les réductions possibles pour les étudiants ;
- les modalités de paiement ;
- la possibilité d'écrire des articles pour cette revue.

Pour mieux connaître :
Le point de vue de l'Autre
Les stéréotypes à fuir

ABONNEZ-VOUS À INTERCULTUREL,
LA REVUE DU REGARD CROISÉ.

C'EST LE BON MOMENT !

Renseignements et abonnements :
Le Passevent/BP 33028
34434 Saint-Jean-de-Védas Cedex
Tél. : 04 67 47 89 23

1 s'engager

vocabulaire

1 ■ S'engager contre ou pour ?

L'ÉDUCATION POUR TOUS

LA LIBERTÉ DE LA PRESSE

LA TORTURE

LA DICTATURE

LA POLLUTION

Pour : ....

Contre : ....

2 ■ Associez un terme abstrait et un terme concret pour former des expressions.

a. trembler → ....

b. déborder → ....

c. semer → ....

d. souffrir → ....

e. crier → ....

f. se tordre → ....

g. mourir → ....

douleur – martyre – terreur – famine – peur – bonheur – chagrin.

3 ■ À quel domaine appartient chacune de ces expressions ?

l'égalité des chances – l'augmentation des profits – la rémunération au mérite – l'État régulateur – les droits acquis – la liberté d'entreprendre – le droit de contrôle – le dialogue social – le fait majoritaire.

a. Social : ***la paix sociale*** ....

b. Économique : ....

c. Politique : ....

4 ■ Quelles sont les expressions qui se correspondent le mieux ?

a. J'irai jusqu'au bout. → 3

b. Je remuerai ciel et terre.

c. Qui ne risque rien n'a rien.

d. Il ne faut pas hésiter à se jeter à l'eau.

e. On est au pied du mur.

f. On ne fait pas d'omelette sans casser des œufs.

1. Il faut savoir prendre des risques.

2. On n'a pas le choix.

3. Je ne renoncerai pas.

4. Je ferai tout ce qu'il est possible de faire.

5 Il faut savoir perdre pour gagner.

6. On n'obtient rien si on ne s'engage pas.

grammaire

5 ■ Parmi ces formules, choisissez celles qui conviennent le mieux pour exprimer votre engagement.

Je suis frappé par... – Le fait est que... – C'est contraire à... – C'est évident ! – Ça compromet... – C'est peut-être dû au fait... – C'est pour ces raisons que... – On a envie de dire que... – On se trouve face à... – On est confronté, me semble-t-il, à... – Je condamne...

a. Vous cherchez à être le plus objectif possible : ....

....

b. Vous voulez d'abord exprimer votre subjectivité : ....

....

6 ■ Classez les expressions suivantes. Dites si elles expriment un accord, un désaccord ou un accord partiel.

a. Pour ce qui me concerne, je pense qu'il faut le faire.
b. Dans la mesure où tout le monde est d'accord, alors j'accepte la décision.
c. Je ne vois pas pourquoi on devrait suivre son avis.
d. À ce qui vient d'être dit, j'ajouterai que...
e. Je pense que votre point de vue n'est pas recevable.
f. Je suis absolument contre.
g. Je suis totalement pour.
h. Ce serait quand même mieux si on les associait au projet.
i. C'est évident qu'il faut s'opposer de toutes nos forces à ces mesures.

• *accord :* ....
• *désaccord :* ....
• *accord partiel :* ....

écrit

7 ■ Choisissez un de ces thèmes d'engagement : l'alphabétisation, la libération des mœurs, la paix ou la lutte contre l'apartheid, et dites pourquoi vous l'avez choisi.

....
....
....
....
....
....
....

2 justifier une action

vocabulaire

8 ■ Associez une expression imagée à une expression synonyme.

a. Donner le feu vert. → **3.**
b Jouer un rôle.
c. Avoir de la suite dans les idées.
d Faire ses preuves.

1. Montrer ce que l'on vaut.
2. Ne pas perdre de vue son objectif.
3. Autoriser.
4. Ne pas être authentique.

9 ■ Associez les expressions courantes suivantes.

a. Il fait ses gammes. → **3.**
b. C'est une histoire à dormir debout.
c. Il a des ruses de Sioux.
d. C'est un drôle de zèbre !

1. C'est un type bizarre.
2. Il débute dans le métier.
3. C'est une affaire complètement folle.
4. Il est malin.

10 ■ Des mots, des situations. Classez ces mots dans la bonne situation de communication.

a. attentif – sportif – dynamique
b. les actionnaires – le chiffre d'affaires – le financement
c. le championnat – le score – l'entraîneur
d. le boulot – les difficultés – l'adversité

1. pour parler de sport avec un passionné
2. pour parler de ses ennuis à un copain
3. pour parler de ses projets à de futurs partenaires
4. pour parler de soi dans une petite annonce

11 ■ Du verbe au nom. Trouvez le nom qui correspond à chaque verbe.

a. créer	***la création***	**f.** transmettre	....	**k.** contribuer	....
b. séduire	....	**g.** gérer	....	**l.** coopérer	....
c réunir	....	**h.** participer	....	**m.** repérer	....
d. résoudre	....	**i.** craindre	....	**n.** diminuer	....
e. fédérer	....	**j.** identifier	....	**o.** enrichir	....

grammaire

12 ■ Associez les conditions et les conséquences.

Ex. : À force d'efforts, nous obtenons des résultats.

a. Étant donné le succès de votre action,
b. Vu que vous avez tous travaillé bénévolement,
c. Puisque tu veux lutter contre l'illettrisme,
d. Du moment que tu m'accompagnes,
e. Dès lors que les enseignants le demandent,

1. nous intervenons dans leur école.
2. vos subventions seront reconduites.
3. rejoins la Ligue de l'enseignement !
4. vous avez bien mérité un bon repas !
5. je n'ai aucune crainte.

13 ■ Complétez ces phrases avec les conséquences exprimées dans la colonne de droite.

Ex. : Faute de croire en Dieu, je me suis donné l'amitié comme religion.

a. Faute d'être drôles,
b. À partir du moment où tous sauront écrire,
c. À force de ténacité,
d. Faute de skier,

1. nous réussirons.
2. tu pourras toujours partir en randonnée.
3. tes plaisanteries détendent au moins l'atmosphère.
4. ils auront une scolarité normale.

écrit

14 ■ Racontez une expérience dont vous avez tiré une leçon qui reste valable encore aujourd'hui dans votre vie.

....
....
....
....
....
....
....

3 expliquer

vocabulaire

15 ■ Associez à chacune de ces qualités son contraire.

a. la maturité → **4.**
b. la douceur
c. le sérieux
d. la volonté
e. la confiance
f. la détermination
g. l'intelligence

1. la méfiance
2. la faiblesse
3. la bêtise
4. l'immaturité
5. la dureté
6. l'insouciance
7. l'indécision

16 ■ À quoi ça sert ? Complétez ces explications.

a. un cartable sert à
b. un bip-bip sert à
c. un scanner sert à
d un crédit sert à
e. un label sert à
f. une seringue sert à
g. un réseau sert à

1. emprunter de l'argent
2. garantir la qualité d'un produit
3. injecter un produit dans le corps
4. communiquer
5. détecter une anomalie
6. porter des documents
7. vous donner un signal

grammaire

17 ■ Expliquez les étapes d'un projet en complétant ce texte.

Dès que vous aurez cerné le problème à résoudre, vous devrez .... les personnes compétentes, ... leurs actions, ... sur le talent de chacun, ... avec les institutions, ... les nombreux problèmes.

organiser – coopérer – résoudre – réunir – parier.

18 ■ Demandez-leur pourquoi ils agissent ainsi. Retrouvez les questions.

a. Provoquer le déclic → ....
b. Origine de l'initiative → ....
c. Déclenchement de la colère des partenaires → ....
d. Naissance de cette passion pour le cinéma → ....
e. Initiation à la musique → ....
f. Donner l'envie de poursuivre le combat → ....
g. Rendre possible la réalisation du projet → ....

écrit

19 ■ Dans une lettre à un(e) ami(e), expliquez la plus grande décision de votre vie et ce qui l'a motivée.

....
....
....
....
....

4 exprimer une opposition

vocabulaire

20 ■ Décrivez ces personnages. Fabriquez un mot à partir de l'adjectif.

Ex. : Un interne vit en ***internat.***

a. Un prétentieux montre de la ....
b. Un réfugié cherche un ....
c. Un provincial vit en ....
d. Un bourgeois connaît la ....
e. Un barbu porte une ....
f. Un délateur fait de la ....

21 ■ Attribuez à chaque mot une phrase d'explication.

a. ***La délation***, → **5.**
b. La trahison,
c. La dissertation,
d. La persécution,
e. Une inclination,
f. Une évocation,

1. c'est un développement oral ou écrit d'une pensée savante.
2. c'est ce qui est présent dans notre esprit.
3. c'est ce qui nous porte vers quelqu'un ou quelque chose.
4. c'est passer dans le camp ennemi.
5. c'est dénoncer les autres pour leur nuire.
6. c'est un mauvais traitement dont on est victime.

grammaire

22 ■ Construisez les oppositions en complétant ces phrases avec les locutions ci-dessous.

*Ex. : Pensez-vous qu'une frontière nette subsiste encore entre, **d'une part**, un mode de vie rural et, **d'autre part**, un mode de vie citadin ?*

a. .... un interne vivait jour et nuit en pensionnat, un externe pouvait passer d'un monde à un autre.

b. Attention ! .... ma préférence pour le vin, je sais aussi apprécier la bière.

c. .... ta fatigue, tu as fait toute cette route pour venir me voir...

d. .... tu as gagné, ... à quel prix !

certes... mais – alors que – en dépit de – malgré.

23 ■ Appréciez le degré d'oppositions entre ces phrases et complétez avec les locutions ci-dessous.

*Ex. : Ce monde te paraissait inaccessible quand tu étais jeune. **Pourtant,** tu as bien fini par y avoir accès.*

a. J'apprécie la nage, la marche à pied, les activités de plein air. ...., je ne déteste pas me prélasser dans un hamac en regardant passer les nuages !

b. Certes, de plus en plus de lycéens accèdent aux études supérieures. ...., trop de jeunes restent encore sur le carreau.

c. D'accord, de nombreux bénévoles sont venus pour nettoyer les plages. ...., il ne faut pas que les pouvoirs publics cessent d'apporter leur aide.

d. Tu as raison, l'artiste doit garder son indépendance. ...., il faut bien qu'il vive !

toutefois – pourtant – néanmoins – cependant.

24 ■ Concluez chaque contradiction par la formule qui convient. Associez.

Ex. : On te fait une superbe proposition pour changer de travail. Or, tu ne la saisis pas...
→ ***C'est donc que tu n'es pas prêt.***

a. Vous affirmez que vous êtes parti à minuit. Or j'étais là à 11 h 30... → ....

b. Tu te plains d'être fatigué. Or tu ne cesses de faire la fête... → ....

c. J'ai réservé dix places. Or, à ce jour, deux personnes se sont désistées... → ....

d. Tu me dis qu'être médecin est le plus beau métier du monde. Or le seul médecin de notre famille n'a aucune qualité humaine à mes yeux... → ....

1. J'en conclus donc que tu fais tout pour être crevé !
2. Donc, moi, je ne vois pas du tout de quoi tu parles !
3. C'est donc que vous mentez !
4. Il faudra donc revendre leurs places.

25 ■ Sur le même modèle, construisez ces contradictions et donnez-leur une conclusion.

Ex. : de notre côté/dénoncer/traître.

→ ***Il était de notre côté. Or, il nous a dénoncés. C'est donc un traître.***

a. vouloir gagner de l'argent/en perdre/se retirer de l'affaire.

→ ....

b. météo annonce pluie/il fait grand beau temps/on part à la mer.

→ ....

c. commencer un régime/continuer à manger des sucreries/ne pas maigrir.

→ ....

écrit

26 ■ Dans quelles circonstances est-il nécessaire de s'opposer ? Donnez des exemples.

....

....

5 donner son opinion

vocabulaire

27 ■ Que veulent-ils ? Attribuez à chacun de ces personnages la phrase qui explique le mieux son action.

a. Contre la modification des gènes des plantes. → ....

b. Pour l'égalité dans les relations entre le Nord et le Sud. → ....

c. Pour agir contre la guerre. → ....

d Contre l'accumulation de gaz qui détruisent la couche d'ozone qui protège la planète. → ....

e. Pour aider les sans-abri. → ....

f. Pour boycotter la consommation de masse. → ....

28 ■ Expliquez ces mots et expressions en leur associant une formule synonyme.

a. Tout de suite
b. Une rumeur dans une foule
c. Un grand vacarme, des cris, des huées
d. Le plaisir de parler très librement et de tout
e. On est prêt à agir immédiatement
f. Celui qui veut comprendre comprendra
g. Bonne chance
h. Au revoir
i. À plus tard, à tout à l'heure

1. Chiche !
2. Ciao !
3. Bon vent !
4. Un brouhaha
5. À plus !
6. La tchatche
7. Dare-dare
8 Un charivari
9. À bon entendeur, salut !

29 ■ Renforcez ces affirmations avec un adverbe. Il peut y avoir plusieurs solutions.

*Ex. : Il faut **absolument** bloquer ce processus.*

a. Je m'oppose .... à cette réglementation.
b. Je suis .... contradiction avec mon patron.
c Je m'élève .... contre les sondages en période électorale.
d. J'approuve .... l'opinion de Cédric.
e. Je suis .... persuadé du contraire.

fermement – entièrement – totalement – formellement – absolument.

grammaire

30 ■ Exprimer son accord ou son désaccord. Faites des phrases avec les éléments donnés.

Ex. : Avoir raison sur le choix du candidat/Je ne suis pas convaincu que tu
→ *Je ne suis pas convaincu que tu aies raison sur le choix du candidat*

a. Ne pas signer le contrat/Je suis persuadé qu'il
→ ....

b. S'en aller sans rien dire/Je n'admets pas qu'elle
→ ....

c. Venir au mariage de mon meilleur ami/Je refuse que tu
→ ....

d. Choisir la carrière de mannequin/Je n'approuve pas qu'elle
→ ....

e. Ne pas vouloir écouter/Je regrette qu'il
→ ....

f. Prendre des vacances en été/Je m'oppose à ce que vous
→ ....

g. Ne pas avoir le même avis sur une affaire/J'admets
→ ....

h. Pouvoir faire venir quelqu'un dans l'équipe/Je suis convaincu qu'on
→ ....

écrit

31 ■ Choisissez l'un des thèmes de discussion de l'exercice 27 et donnez vos arguments sur ce thème.

....

....

....

....

....

....

....

entraînement au DELF A3

Les épreuves orales de cette page sont à faire en classe avec votre professeur.

oral

L'AFEV et les journées de l'engagement

LES CINQ DÉBATS NATIONAUX DE L'ENGAGEMENT SOLIDAIRE

LYON
Le 2 avril
« Quels types et quelles formes d'engagement pour les jeunes dans une société en quête de sens ? »

L'individualisation des comportements sociaux a profondément modifié la nature du rapport des citoyens à la chose publique. Les jeunes n'échappent pas à cette évolution, et pourtant ils sont nombreux à s'impliquer dans des actions de solidarité. « Quel sens donnent-ils à ce type de démarche personnelle qui échappe souvent aux formes traditionnelles de l'engagement collectif ? Peut-on parler de nouvelles formes de contributions citoyennes soucieuses de préserver l'équilibre d'une société dont la cohésion paraît parfois fragilisée ? »
Avec Claude CAPELIER, chargé de mission auprès du ministre de la Jeunesse, de l'Éducation nationale et de la Recherche ; Gérard COLLOMB, sénateur-maire de Lyon ; Philippe MEIRIEU, directeur de l'Institut universitaire de formation des maîtres de Lyon ; Philippe CORCUFF, sociologue ; Nicolas DELESQUE, président de l'AFEV.

DUNKERQUE
LE 20 MARS : « La participation des jeunes en France et en Europe »

NANTERRE
LE 25 MARS : « En quoi l'engagement des jeunes dans des actions d'éducation à la citoyenneté peut-il favoriser la prévention de la violence ? »

ILE DE LA RÉUNION
LE 4 AVRIL : « S'engager dans la prévention santé »

TOULOUSE
LE 17 AVRIL : « Engagements des jeunes et lutte contre les discriminations »

Volontaires !,
n° 1, publié par l'AFEV (Association française des étudiants volontaires),
26 bis, rue de Château-Landon 75010 PARIS, tél : 01 40 36 01 01

1. Lisez et présentez ce document en répondant aux questions suivantes :

a. De quel type de document s'agit-il ? ....
b. D'où est-il extrait ? ....
c. À qui s'adresse-t-il ? ....
d. Quel est son but ? ....
e. Résumez les principales informations contenues dans ce document.
....

2. Répondez aux questions du jury.

a. Quel est le but des « journées de l'engagement » ? ....
b. À quoi sert l'Association des étudiants volontaires (AFEV) ? ....
c. Dans quels domaines l'AFEV intervient-elle ? ....
d. D'après ce document, pourquoi certains jeunes s'engagent-ils ? ....
e. Vous est-il déjà arrivé de vous engager pour ou contre quelque chose ? Racontez. ....
f. Que pensez-vous de l'engagement ? ....

écrit 1

Paris :
l'imagination au pouvoir !

Au bout de deux mois de questionnaires et de démarches exploratoires, les commissions créées par les différents quartiers du 12e arrondissement de Paris ont présenté leurs propositions.

Rappel : Les habitants peuvent s'inscrire comme invités permanents de leurs conseils de quartier et participer aux commissions thématiques. Inscription par mail à monique.leblanc@mairie-paris.fr

Le travail des différentes commissions :

1-Picpus Sud
La commission animation organise un repas de quartier le dimanche 11 mai à 12 h à l'ancienne gare, rue Claude-Decaen. La commission propreté a déjà obtenu des résultats concrets au niveau des collectes de bouteilles en verre. Un diagnostic propreté du quartier sera établi.

2-Picpus Centre
Deux commissions sont créées : propreté et animation. La commission propreté recense actuellement les problèmes dans le quartier (zones, jours, horaires). La commission animation a pour objectif d'organiser des vide-greniers, repas de quartier, spectacles de rue ou autres animations en fédérant les volontés et en facilitant le partage d'expériences.

3-Bercy
La commission animation organise un pique-nique géant le dimanche 18 mai à partir de 11 h, rue Paul-Belmondo. Une commission transport et circulation est en cours de création : tous ceux qui souhaitent y participer sont invités à s'inscrire. La prochaine réunion concernera le Palais omnisport de Bercy avec la participation des responsables de cet établissement.

4-Gare de Lyon-Aligre
Le travail en commission (ouverte à tous) porte sur l'animation du quartier avec un projet de scène ouverte pour la Fête de la musique du 21 juin. Par ailleurs, nous constituons un inventaire des lieux posant problèmes (carrefours, trottoirs, immeubles). Envoyez-nous vos observations et suggestions pour les intégrer à l'inventaire.

(Le journal d'information de la mairie du 12° arrondissement de Paris)

1. Lisez le document et répondez par vrai ou faux.

	Vrai	Faux
a. Chaque conseil de quartier crée autant de commissions thématiques qu'il le souhaite.	☐	☐
b. Pour participer à ces commissions, il faut être élu.	☐	☐
c. Des commissions propreté ont été créées dans chaque quartier.	☐	☐
d. Les commissions ont recensé l'ensemble des problèmes.	☐	☐
e. Le but de ces commissions est que tout le monde participe à la vie des quartiers.	☐	☐

2. Entourez les bonnes réponses. Dans quels quartiers essaie-t-on de :

a. recycler le verre ?	1 – 2 – 3 – 4
b. inventorier les problèmes posés par les voitures, les bus, etc. ?	1 – 2 – 3 – 4
c. organiser le partage d'expériences dans le domaine de l'animation ?	1 – 2 – 3 – 4
d. organiser une sorte de marché aux puces ?	1 – 2 – 3 – 4
e. animer la rue ?	1 – 2 – 3 – 4
f. créer des moments de convivialité ?	1 – 2 – 3 – 4

écrit 2

Vous envisagez un séjour d'un an en France. Écrivez une lettre de demande d'information à la mairie de la ville où vous séjournerez. Adressez-là à : Monsieur ou Madame le Maire de (votre ville) + code postal.

1 reformuler

vocabulaire

1 ■ Du verbe au nom. Trouvez le nom qui correspond au verbe.

a. reformuler → ***la reformulation***
b. traduire → ....
c répéter → ....
d. reprendre → ....
e. rapporter → ....
f. réécrire → ....
g. transposer → ....
h. clarifier → ....

2 ■ Éliminez l'intrus.

a. la reformulation – le retour – la redite
b. l'entourage – le contact – la relation
c la sympathie – la cordialité – l'indifférence
d. l'interlocuteur – le facteur – le correspondant
e l'exclusion – l'intégration – l'assimilation
f. l'accueil – l'hospitalité – le rejet

3 ■ Associez l'expression synonyme.

Ex. : Autrement dit → ***en d'autres mots***

a. lever un malentendu → ....
b. clarifier son propos → ....
c. aller au-delà de ce qu'on a voulu dire → ....
d. trouver une ouverture → ....
e. tenir des propos ambigus → ....

faire apparaître des solutions – tenir des propos excessifs – ne pas être volontairement clair dans son discours – expliquer ce que l'on veut dire – clarifier une situation.

4 ■ Dites-le avec un adverbe, puis associez un des verbes ci-dessous.

a. avec précision → ***précisément*** ***compter précisément***
b. avec brusquerie → ....
c avec facilité → ....
d. avec exactitude → ....
e dans la réciprocité → ....
f. sans distinction → ....

se respecter – apprendre – sortir – parler – mesurer – compter.

grammaire

5 ■ Complétez ce récit.

Hector, un jeune type, est .... de deux jeunes filles en même temps. Il leur envoie une lettre pour leur donner un rendez-vous. Le lendemain, bon sang ! il s'aperçoit qu'il s'est .... d'enveloppe. Alors il est .... Il se précipite chez la première fille, il arrive devant sa porte complètement .... Quand il repart, il est totalement .... Il arrive chez la seconde et là, il voit le facteur !... Il est ....

désemparé – paniqué – trompé – désespéré – épris – angoissé.

Comprendre

6 ■ Complétez. Aidez-vous du tableau « Reformuler des paroles », p. 80 du livre de l'élève.

« ...., ce n'est pas une bonne affaire.
– .... ça ne marchera pas ?
– ...., je n'y crois pas.
– ...., qu'est-ce qu'il faudrait faire pour ça marche ?
– Il aurait fallu s'y prendre autrement, utiliser d'autres méthodes.
– ...., vous avez une solution.
– Oui, tout à fait, ..., et je peux vous en faire part si vous le souhaitez… »

à votre avis – si je comprends bien – vous m'avez bien compris – vous voulez dire que – d'après moi – en d'autres termes.

écrit

7 ■ Est-ce que la rencontre d'étrangers a changé votre regard sur le monde ? Dites ce que cela a changé, comment et pourquoi.

....
....
....
....

2 raconter un itinéraire personnel

vocabulaire

8 ■ Associez à chaque verbe les compléments qui lui correspondent.

a. couper → ***une feuille de papier/la parole***
b. s'approprier → ....
c. aménager → ....
d. déclencher → ....
e. se sentir → ....
f. (se) plonger dans → ....
g. démultiplier → ....
h. côtoyer → ....

ses efforts/ses contacts – un appartement/un règlement – à l'étroit/en sécurité – une feuille de papier/ la parole – une star/le danger – une alarme/une réaction – un bureau/une cause – une piscine/un dossier.

9 ■ Associez situations et actions.

a. couper la parole
b. se plonger dans un dossier
c. se sentir à l'étroit
d. côtoyer le danger
e. déclencher une réaction

1. situation professionnelle
2. négociation
3. travail
4. guerre
5. dispute

grammaire

10 ■ Complétez ce récit avec des mots ou expressions indiquant la succession et le déroulement des actions dans le temps.

On est parti de Lisbonne ...., avec une valise chacun. Dans le train, on a pris la première classe pour paraître plus riche ! ...., le train s'est arrêté : j'ai regardé par la fenêtre. J'avais un peu peur car c'était la frontière, mais le douanier nous a simplement dit : « Profitez bien de vos vacances ! »

.................., j'ai permis aux enfants d'accéder à tout ce que je n'avais pas eu : les grandes écoles, la bonne société, etc.

.................., nous ne parlions pas français. Alors, ..., notre fils aîné contactait les administrations pour régler les petits problèmes ! ...., les enfants ne sont pas retournés au Portugal et, ..., on a senti qu'ils devenaient français.

au bout de deux heures – petit à petit – pendant les dix années qui ont suivi – au cours de l'hiver 1971 – à 13 ans – pendant toute cette période – au début.

11 ■ Classez les listes d'expressions dans la bonne catégorie.

Liste 1. *dès que – une heure après – soudain*
Liste 2. *petit à petit – au fur et à mesure – progressivement*
Liste 3. *au bout d'un an – la semaine suivante – deux ans après*

a. Pour décrire une suite d'événements ➔ ....

b. Pour décrire une suite d'actions ➔ ....

c. Pour décrire un processus ➔ ....

12 ■ Exprimer la simultanéité. Reliez.

Ex. : il réside en Chine/il est devenu sinologue
➔ ***Résidant en Chine, il est devenu sinologue.***

a. il habite en Bretagne/il s'est mis à faire de la voile
➔ ....

b. il est embauché dans une entreprise britannique/il est obligé de se perfectionner en anglais
➔ ....

c. il préfère vivre à la campagne/il travaille désormais à distance grâce à son équipement informatique
➔ ....

d. il travaille pour un réseau d'avocats international/il passe sa vie dans les aéroports
➔ ....

écrit

13 ■ Aimeriez-vous ou non changer de vie ? Donnez vos raisons.

....
....
....
....
....
....

3 comprendre les jeunes

vocabulaire

14 ■ Trouvez le nom correspondant à ces différentes actions.

a. déclarer → ***une déclaration***
b. collaborer → ....
c. motiver → ....
d. soulever → ....
e. rassembler → ....
f. fonder → ....
g. impliquer → ....
h. soutenir → ....
i. mobiliser → ....
j. protéger → ....
k. abolir → ....
l. manifester → ....

15 ■ Associez. Plusieurs réponses sont parfois possibles. Signez pour :

a. le mouvement
b. la mobilisation
c. la protection
d. l'implication
e. la marche
f. la collaboration
g. la lutte
h. l'abolition
i. la liste

1. de l'environnement
2. dans le travail des associations
3. contre le racisme
4. à une association humanitaire
5. de la pauvreté
6. contre l'intolérance
7. des motivé-e-s
8. des femmes
9. contre le sida

a. : 3., 7., 8., 9. ....

16 ■ Trouvez l'expression synonyme correspondante.

a. effacer la frontière → ....
b. se sentir un peu à l'étroit → ....
c. larguer les amarres → ....
d. couper les ponts → ....
e. briser la glace → ....

grammaire

17 ■ Complétez ces phrases en rétablissant les mots de comparaison.

a. J'ai au moins .... problèmes .... toi.
b. À ton avis, est-ce que les jeunes sont .... tolérants .... les adultes ?
c. Tu vois, il n'y a pas que toi : moi ...., je fais des dons.
d. Je ne peux pas faire mieux : Daniel est un bien .... orateur .... moi.
e. Tu dois voter pour notre liste si tu veux .... d'action, ... d'idées, ... de résultats !
f. C'est terrible : .... je tente de te comprendre, ... j'y arrive.
g. Je vais te lire un texte d'appel pas .... les autres.
h. Tu n'as jamais .... parlé .... ce soir !
i. Vote si tu veux .... agir sur le monde qui t'entoure !
j. J'en suis convaincu : les idées se diffusent par des chansons .... par des discours !

aussi bien, sinon mieux que – plus... plus... plus – mieux – plus ou moins... que – autant de... que – plus... moins – autant... que – meilleur... que – aussi – comme.

écrit

18 ■ Si vous deviez vous engager, quel type d'engagement privilégieriez-vous ? Justifiez vos choix.

....

....

....

4 défendre une idée

vocabulaire

19 ■ Classez ces verbes par ordre d'intensité croissante.

Ex. : exiger – demander – revendiquer

→ ***demander – exiger – revendiquer***

a. démontrer – exposer – persuader

→ ....

b. chuchoter – parler – murmurer

→ ....

c. enthousiasmer – intéresser – passionner

→ ....

d. s'investir – s'impliquer – s'associer

→ ....

e. soulever – mobiliser – rassembler

→ ....

20 ■ Présenter les étapes d'un exposé. Associez.

a. Je vais introduire
b. Je vais exposer
c. Je vais montrer
d. Je vais apporter
e. J'insiste
f. Je contredis
g. Je vais présenter
h. Je vous passe

1. quelques précisions
2. sur un point
3. la parole
4. le débat
5. les causes du problème
6. de nouveaux arguments
7. cet interlocuteur
8. les conséquences

grammaire

21 ■ Complétez les phrases en transformant les éléments donnés entre parenthèses.

Ex. : Étant donné qu'elle a quitté son domicile (personne/ne pas pouvoir la joindre)

→ ***Étant donné qu'elle a quitté son domicile, personne ne peut la joindre.***

a. Étant donné la situation (il/ne pas partir en vacances)

→ ....

b. La situation est telle que (vous/ne pas pouvoir rester)

→ ....

c. Vu la situation (tu/devoir rentrer le plus vite possible)

→ ....

d. De peur d'échouer (nous/ne pas se présenter à l'examen)

→ ....

Comprendre

22 ■ Exprimez la conséquence en transformant les éléments soulignés.

Ex. : Les loyers augmentent
→ *Tout cela provoque* ***une augmentation des loyers****.*
→ *Cela entraîne* ***une augmentation des loyers****.*

a. Les salaires baissent
→ Tout cela provoque ....
→ Cela entraîne ....

b. Les entreprises se délocalisent
→ Tout cela provoque ....
→ Cela entraîne ....

c. Les jeunes se mobilisent
→ Tout cela provoque ....
→ Cela entraîne ....

23 ■ Formulez les conséquences de diverses manières.

Ex. : je/partir
→ *D'où ma décision de* ***partir****.*
→ *C'est pour cette raison que* ***je suis parti****.*
→ *C'est ce qui explique* ***mon départ****.*

a. il/rompre
→ D'où sa décision de ....
→ C'est pour cette raison que ....
→ C'est ce qui explique ....

b. nous/agir
→ D'où notre décision de ....
→ C'est pour cette raison que ....
→ C'est ce qui explique ....

écrit

24 ■ Vous écrivez une lettre à Amin Maalouf pour lui présenter votre propre point de vue et vos arguments sur l'identité.

....
....
....
....
....
....
....

5 réfléchir à son apprentissage

vocabulaire

25 ■ Associez à chaque adjectif un substantif.

a. émotif → ***une émotion***
b. opaque → ....
c. discret → ....
d. délicat → ....
e. raffiné → ....
f. précis → ....
g. rare → ....
h. distingué → ....
i. fantasmatique → ....
j. subtil → ....

26 ■ Définissez leur caractère. Associez un adjectif à un trait de caractère.

a. Celui qui n'ose pas s'exprimer est
b. Celui qui me passe devant sans s'excuser est
c. Celui qui sait analyser les choses avec finesse est
d. Celui qui donne de l'importance à la sensibilité est
e. Celui qui se laisse aller à ses rêves et à ses émotions est

1. romantique
2. sentimental
3. grossier
4. timide
5. subtil

27 ■ Complétez les expressions avec des adjectifs de la liste de l'exercice 25.

a. tenir des propos → ***opaques***
b. avoir de attentions → ....
c. se distinguer par des manières → ....
d. mener une vie → ....
e. aimer les objets → ....
f. avoir une apparence → ....
g. faire preuve d'une intelligence → ....

grammaire

28 ■ Complétez ce témoignage en conjuguant les verbes et en plaçant les adverbes « purement », « contrairement », « généralement ».

Lorsque je .... *(évoquer)* mon métier de traductrice, je .... *(insister)* .... sur le caractère humain de ce métier. Ainsi, le mois dernier, je .... *(être en contact)* avec un banquier chinois que je .... *(accompagner)* pendant deux jours dans le milieu bancaire québécois. Le premier jour, je .... *(interpréter)* ses discours jusqu'à tard le soir. Je dis « interpréter » car, ... à ce que l'on croit, le métier de traductrice n'est pas .... technique ! Étant moi-même bilingue, je .... *(sentir)* très jeune que je .... *(devoir)* faire .... *(coïncider)* mes sentiments dans deux langues. C'est pourquoi, je .... *(essaye)* d'être comme un musicien : l'interprète d'une partition improvisée.

29 ■ Complétez la biographie de Nancy Huston en utilisant les mots de la liste ci-dessous.

En 1971, l'écrivain canadien Nancy Huston commence .... à apprendre la langue française et à jouer d'un nouvel instrument : le clavecin.

.................., le 3 septembre 1973, elle pose le pied sur le sol français et, ..., une relation subtile s'établit entre une langue et un instrument de musique. .... elle abandonne sa langue maternelle, l'anglais, elle cesse .... de jouer du piano.

aussi – deux ans plus tard – tandis que – simultanément – de nouveau.

écrit

30 ■ Si vous deviez convaincre un(e) ami(e) d'apprendre une autre langue, quels arguments avanceriez-vous ?

....

....

....

....

....

....

....

....

....

....

entraînement au DELF A3

Les épreuves orales de cette page sont à faire en classe avec votre professeur.

oral

DOSSIER : LA DOULEUR

CE N'EST PAS NORMAL D'AVOIR MAL. DÉCLARONS LA GUERRE À LA DOULEUR.

Considérée comme une priorité de santé publique en 1998, la lutte contre la douleur a du mal à s'organiser et sa prise en charge dépend plus souvent de la motivation d'une équipe soignante que d'une volonté générale. Les patients font les frais de cette situation.

TEMOIGNAGE

« C'est dans la tête »

Jocelyne, 51 ans, souffre des deux hanches (dysplasie) depuis l'enfance.

« J'ai commencé à avoir des douleurs à six ans. Jour et nuit, j'avais mal aux pieds et aux jambes. Je me plaignais, mais les médecins disaient à mes parents que c'était normal à cause de la croissance et que, si je refusais de marcher, c'est que j'étais paresseuse. J'étais une petite fille sage et, pour mes parents, la parole du médecin est sacrée, donc je n'ai plus rien dit puisque "c'était dans ma tête". Je pensais que tout venait de moi. J'avais honte. Pourtant, je n'arrivais pas à me résigner. Ma malformation a été diagnostiquée à 26 ans. J'ai subi plusieurs opérations et j'ai une prothèse à la hanche droite. Hélas, mes douleurs ont continué. J'ai consulté différents médecins : ils m'ont tous dit que j'avais été très bien soignée et qu'il n'y avait plus de raison que je souffre maintenant, que c'était encore dans ma tête. Ils m'ont prescrit des médicaments contre la douleur. Ça n'a rien changé. J'avais toujours mal et c'était de plus en plus insupportable, une véritable torture au quotidien. J'ai pensé au suicide plusieurs fois, jusqu'au jour où j'ai lu un article sur la "consultation douleur" à l'hôpital de Caen. J'ai dû insister pour avoir un rendez-vous. Là, pour la première fois, j'ai eu l'impression d'être entendue. Enfin, un médecin me croyait, m'écoutait, m'informait. Quel soulagement de ne plus être culpabilisée ! La reconnaissance de ma douleur a été capitale pour moi. Il m'arrive aujourd'hui de ne plus souffrir pendant deux ou trois jours sans médicaments, c'est merveilleux. Ma vie a changé. J'ai accepté de vivre avec la douleur car on m'a appris comment faire. Mais il faut oser demander de l'aide. »

1. Présentez le document en répondant aux questions suivantes :

a. De quel type de document s'agit-il ? ....

b. À qui s'adresse-t-il ? ....

c. Quel est son but ? ....

d. Résumez les principales idées contenues dans ce document.

....

2. Répondez aux questions du jury.

a. Dans quel but faut-il « déclarer la guerre à la douleur » ? ....

b. Expliquez le titre du témoignage. ....

c. Pourquoi Jocelyne n'a-t-elle pas été écoutée ? ....

d. Qu'est-ce qui se serait passé si Jocelyne n'avait pas été reçue en consultation à Caen ?

....

écrit 1

LE STU OU LE SERVICE DES TRADUCTEURS D'URGENCE

24 h/24 au téléphone, des polyglottes bénévoles se relaient pour venir en aide aux étrangers vivant dans notre pays ou le visitant. L'occasion ou jamais de faire connaissance avec certaines réalités...

Qui aurait dit à Solange qu'elle se retrouverait un jour au fin fond d'un commissariat de police de Lyon, pour une garde à vue de 24 heures ? Sûrement pas elle. C'est pourtant ce qui lui est arrivé et même plusieurs fois. Non, cette jeune prof d'espagnol n'est pas une récidiviste. Simplement, en 2000, elle a eu l'idée de proposer ses services au STU.
Sa mission ? Équipée d'un téléphone portable, elle doit être joignable en permanence, au cas où les services nationaux de police, de justice ou de secours auraient besoin de ses connaissances en espagnol (d'autres bénévoles du STU pratiquent le wolof, le persan ou le tibétain... la Tour de Babel en direct !). Pas de panique : le plus souvent, les motifs d'appel se règlent par téléphone. Par exemple lorsque des touristes espagnols ont perdu leurs papiers. Solange assure la traduction, et tout baigne. Mais il arrive aussi qu'elle soit appelée dans des commissariats, des tribunaux ou des hôpitaux. Là, le traducteur débarque dans un film noir... et n'a pas intérêt à se planter : « Une erreur de traduction, et c'est l'enquête qui est influencée. » Passionnant ! Perturbant aussi. Mais Solange le dit carrément : « Je ne peux plus me passer de mes p'tits coups de fil : ils ont enrichi ma vie. »

Envie d'agir ? Le guide de l'engagement,
CNDP, ministère Jeunesse-Éducation-Recherche, Guide du routard, Hachette 2003.

1. Lisez ce document puis répondez aux questions ci-dessous.

2. Répondez par vrai ou faux.

	Vrai	Faux
a. Quelqu'un aurait dit à Solange qu'elle se retrouverait un jour en garde à vue.	☐	☐
b. S'il y a une enquête, la traduction influence l'enquêteur.	☐	☐
c. La plupart du temps, Solange rencontre les personnes qui lui téléphonent.	☐	☐
d. Solange s'enrichit sur le plan matériel.	☐	☐
e. Solange s'enrichit sur le plan humain.	☐	☐

3. Donnez une réponse brève.

a. Que signifie « STU » ? ....

b. Quelle est la durée minimum d'une garde à vue ? ....

c. Quelle est la mission de Solange ? ....

d. Comment résout-elle les problèmes le plus souvent ? ....

e. Quelle est la principale motivation de Solange ? ....

f. Quel est le métier principal de Solange ? ....

4. Pensez-vous que Solange est mère de famille ? Pourquoi ?

....

....

....

écrit 2

Vous avez loué une chambre dans une résidence universitaire en région parisienne.
À votre arrivée vous découvrez :

- que le ménage n'a pas été fait depuis le départ des anciens locataires ;
- qu'il n'y a pas de boîte aux lettres et pas de gardien ;
- que le chauffage est insuffisant (vous êtes enrhumé(e) depuis votre arrivée).

Vous envisagez donc de ne pas payer votre premier loyer si rien n'est fait.
Écrivez une lettre de réclamation à :

Monsieur le directeur de la résidence universitaire des Tilleuls
2, avenue Toulouse-Lautrec, 92500 Clichy

1 généraliser

vocabulaire

1 ■ Complétez avec des adjectifs de couleur.

• Adjectifs : *vert – blanc – noir – rose – rouge*

a. Être .... comme neige
b. Avoir l'esprit fleur ....
c. Être .... de peur
d. Voir la vie en ....
e. Être .... de honte
f. Broyer des idées ....

2 ■ Complétez les phrases par une expression de l'exercice 1.

a. J'ai été effrayée par son apparition, j'étais ....
b. Pour lui, il n'y a jamais de problèmes, il ....
c. En ce moment, il n'a pas le moral, il ....
d. C'est un sentimental, il a ....
e. Elle a été prise en flagrant délit de mensonge, elle était ....
f. Rien à lui reprocher, il est ....

3 ■ Trouver les contraires.

a. sympathique → ***antipathique***
b. raciste → ....
c. social → ....
d. fasciste → ....
e. normal → ....
f. conformiste → ....
g. politique → ....
h. militariste → ....
i. typique → ....

grammaire

4 ■ Généraliser, particulariser. Transformez les phrases suivantes.

Ex. : La plupart des femmes à métier égal gagnent moins que les hommes.
→ ***À métier égal, les femmes gagnent souvent moins que les hommes.***

a. La plupart des films que les Européens vont voir sont des films américains.
→ ....
b. 47 % des Français ne font pas confiance à l'information télévisuelle. Ils perçoivent souvent les journalistes comme trop proches du pouvoir.
→ ....
c. La majorité des Français ne lisent pas de journal quotidien ; cependant, ils lisent plusieurs magazines par semaine.
→ ....
d. Une grande majorité de Français qui pensent que le développement de l'Internet contient de formidables opportunités estiment que l'Internet est un outil ambivalent.
→ ....
e. Astérix est toujours, parmi les héros de bande dessinée, le héros préféré des Français.
→ ....
f. Nombreux sont les Français qui pensent que le droit aux loisirs est aussi important que le droit au travail.
→ ....

écrit

5 ■ Faites la liste des cinq préjugés les plus forts dans votre pays et essayez d'en expliquer les raisons.

....

....

....

....

....

2 découvrir la bande dessinée

vocabulaire

6 ■ Quand la critique emprunte ses expressions aux plaisirs de la table. Donnez le sens premier du mot souligné, puis expliquer l'expression.

a. dévorer un livre → ***dévorer = manger avec avidité ; lire un livre avec avidité.***
b décortiquer des modes de vie → ....
c. avaler un roman → ....
d. trouver que dans un livre il y a à boire et à manger → ....
e. savoir faire saliver le lecteur → ....
f. lire une histoire qui laisse sur sa faim → ....
g. juger que l'intrigue ne prend pas → ....
h. trouver que le dessin est un régal → ....

7 ■ Aimer, détester un livre. Trouvez le contraire.

Je trouve ce livre :

a. haletant → ***sans rythme***
b. efficace → ....
c. original → ....
d. tragique → ....
e. foisonnant → ....
f. lumineux → ....
g. féerique → ....
h. éclatant → ....

8 ■ Caractérisez en complétant.

a. Sokal a écrit *La Nurse* ***aux*** *mains sanglantes.*
b. Johnny Depp a interprété *Edward* .... *mains d'argent.*
c. On appelait le peintre Van Gogh « l'homme .... l'oreille coupée ».
d. Van Dongen a peint *La Femme* .... *cheveux rouges.*
e. Gérard Philipe et Vincent Perez ont joué le rôle de *Fanfan* .... *Tulipe.*
f. Ava Gardner a interprété *La Comtesse* .... *pieds nus.*
g. Leonardo DiCaprio a été le héros de *L'Homme* .... *masque de fer.*

9 ■ Caractérisez des objets.

a. Un verre ***à*** porto.
b. Un poulet .... Bresse.
c. Une boîte .... lettres.
d. Une lampe .... poche.
e. Un vin .... Bordeaux.
f. Des lentilles .... contact.
g. Une cuillère .... café.
h. Des lunettes .... soleil.

grammaire

10 ■ Mettez les éléments soulignés à la forme négative.

Ex. : Je pense que le livre sortira dans 15 jours
*→ Je **ne pense pas** que le livre sorte dans 15 jours.*

a. Il a été beaucoup plus séduit que moi.

→ ....

b. Elle a trouvé la pièce drôle et efficace.

→ ....

c. Si c'est votre souhait, je peux raconter le scénario à la réunion de production.

→ ....

d. J'aimerais bien parler de nos différences de point de vue avec vous.

→ ....

e. Dites-le ! Je vous prie d'en parler.

→ ....

f. Maître Primot. Consultations toute la semaine y compris le samedi.

→ ....

11 ■ C'est une affaire de jugement. Complétez le texte avec « non » ou « pas ».

– Moi j'ai adoré la pièce, ***pas*** vous ?
– Non, ... vraiment, j'ai trouvé ça trop long.
– Long ou ...., c'est quand même un des meilleurs spectacles de la saison, ... ?
– .... seulement la pièce est sans intérêt, mais les acteurs sont tous nuls. Et .... seulement le petit génie qui a beaucoup à apprendre ; il n'y a qu'elle qui s'en tire et encore .... sans difficultés.
– Avouez que vous y êtes allé avec un préjugé défavorable.
– ...., pas du tout. Et ne me dites pas que vous allez retourner la voir ?
– Pourquoi .... ?

écrit

12 ■ Vous dites à un ami pourquoi vous avez aimé un spectacle, un film, un livre ou un disque afin qu'il ait envie de le voir, de le lire ou de l'écouter.

....
....
....
....
....
....
....

3 comprendre le rire

vocabulaire

13 ■ Trouvez les bons accessoires pour chacun de ces films.

un chandelier à sept branches – des pyramides – un éventail – un pourpoint – un flacon de potion magique – un char – un fauteuil Louis XV – une épée – une kipa – un heaume de chevalier – un carrosse – des tablettes – une cotte de maille – un parchemin – une plume – un stylet – un château – des rouleaux de tissu – un palais – une voiture de luxe – des billets de banque.

a. *Les Visiteurs.* – Le xxe siècle reçoit des « visiteurs » inattendus venus du Moyen Âge, qui sont aussi désorientés que leurs descendants. ....
....

b. *La Vérité si je mens.* – Comment un jeune homme timide réussit à se faire accepter par la communauté juive du quartier du Sentier à Paris, spécialisé dans le textile. ....

c. *Ridicule.* – Versailles et la cour de Louis XV : un petit noble de province parviendra à s'y imposer grâce à ses bons mots qui font rire dans les salons. ......
....

d. *Astérix et Obélix : Mission Cléopâtre.* – Les deux héros aux prises avec les caprices de la célèbre reine d'Égypte. ....
....

14 ■ Retrouver le sens des mots soulignés sur lequel jouent ces citations.

a. Ma femme ne me <u>manque</u> jamais, elle vise trop bien. (anonyme)

Manquer : ....

b. Si vous ne <u>vous sentez</u> pas bien, faites-vous <u>sentir</u> par un autre. (Francis Blanche)

Se sentir : ....

Sentir : ....

c. J'ai pris mon rhume <u>en grippe</u>. (Sacha Guitry)

Grippe : ....

Prendre en grippe : ....

d. Elle prit peur, le bus 29 et la poudre d'escampette vers la gare de Lyon. (Maryz Courberaud)

Prendre peur : ....

Prendre le bus : ....

Prendre la poudre d'escampette : ....

e. Je lui ai tout donné, elle est partie avec. (Swain)

Donner : ....

Tout donner : ....

15 ■ Retrouvez dans les citations suivantes les formes de discours qu'elles imitent.

a. Entracte : vide les baignoires, remplit les lavabos. (Tristan Bernard) → ....

b. Grammairien cherche auxiliaire. Étudie toute proposition. (Pierre Dac) → ....

c. Il faut mettre de l'argent de côté pour en avoir devant soi. (Tristan Bernard) → ....

d. Qui aime bien ses lunettes ménage sa monture. (Francis Blanche) → ....

e. On n'est prié de ne pas claquer l'Apôtre. (saint Pierre) → ....

définition de dictionnaire – expression figée – petites annonces – proverbe – recommandation.

16 ■ Voici un calembour de Raymond Devos autour de la sonorité « wa ». Essayez d'analyser l'ensemble des procédés qu'il a utilisés.

« Toute oie oit, quand mon chien aboie le soir au fond des bois, toute oie oit "ouah, ouah !" qu'elle oit, l'oie. »

....

17 ■ Humour littéraire involontaire. Retrouvez les titres des ouvrages demandés en librairie.

a. *L'Étranglé* d'Albert Camus. → ....

b. *Les Jeux de l'amour et du bazar* de Marivaux. → ....

c. *Le Grand Môme* d'Alain Fournier. → ....

d. *Eugénie Grandit* de Balzac. → ....

e. *Les Fourberies d'Escarpin* de Molière. → ....

écrit

18 ■ Voici des personnages qui on fait rire ou font rire les Français. Choisissez un personnage de votre pays qui vous fait rire et dites comment et pourquoi.

....

4 jouer la comédie

vocabulaire

19 ■ Choisissez la bonne réponse.

a. Elle a belle allure/l'allure. → ....
b. Elle passe pas aperçue/inaperçue. → ....
c. Elle sait se mettre en valeur/mettre de la valeur. → ....
d. Il a retrouvé/gardé sa ligne ; il a perdu 10 kilos. → ....
e. Elle ne fait pas/ne montre pas son âge. → ....
f. Il se fait/se cherche un style. → ....
g. Elle a une apparence/ligne trompeuse. → ....
h. Elle est bien gardée/conservée pour son âge. → ....

20 ■ Trouvez le contraire et dites à quel propos on emploie ces adjectifs.

a. gracieux	***gauche***	→ ***l'allure***
b maigre	....	→ ....
c. musclé	....	→ ....
d. svelte	....	→ ....
e. émacié	....	→ ....
f. fin	....	→ ....
g. sec	....	→ ....

le corps – le visage – la peau – ***l'allure*** *– les traits – la ligne – la silhouette.*

21 ■ Trouvez le sens des expressions suivantes.

a. Jouer la comédie → ....
b. Se donner en spectacle → ....
c. Prendre des airs → ....
d. Se donner le beau rôle → ....
e. En faire tout un drame → ....

grammaire

22 ■ Dans quelle situation prononce-t-on les phrases suivantes ? Faites correspondre.

a. Il m'a fait une scène.
b. Il m'a fait toute une comédie
c. Elle m'a fait son cirque
d. On ne va pas en faire un drame.
e. Je connais la musique

1. Trois coupes de champagne, elle m'a fait son numéro.
2 Quand je danse avec son meilleur ami, il ne le supporte pas.
3. Rien de grave dans tout ça, demain il n'y pensera plus.
4. Je ne l'écoute même plus : c'est toujours le même disque.
5. Dès qu'il s'agit de partir en vacances, il trouve tous les prétextes pour rester.

23 ■ Exprimer la virtualité. Posez la question.

Ex. : ***Je t'ai vu ?***
Fais semblant de ne pas m'avoir vu !

a. .... ?
Fais semblant de croire que je suis partie.
b. .... ?

Je me prends pour qui je veux.

c. ....?

J'ai pourtant mon air de tous les jours !

d. ....?

J'essaie toujours de jouer mon meilleur rôle.

e. ....?

Tu crois ce que tu veux. Je ne te fais rien croire du tout.

écrit

24 ■ Nous avons tous joué la comédie pour ne pas faire quelque chose que nous n'avions pas envie de faire. Racontez les circonstances, décrivez les réactions et dites ce que cette situation vous inspire aujourd'hui.

....
....
....
....
....
....

5 jouer avec les mots

vocabulaire

25 ■ Distinguez expressions concrètes et expressions imagées.

il saute de joie – il faut manger à sa faim – il saute sur l'occasion – il a un solide appétit – ils se serrent la main – elle lui donne un coup de main – il se tient les bras croisés – il a été battu sévèrement – il a été mis sur la touche – il est beau joueur – il a une bonne frappe de balle – il a reçu un carton rouge – il y a à boire et à manger dans tout ça – tout ça ne mange pas de pain.

a. Expressions concrètes : ....
....

b. Expressions imagées : ....
....

26 ■ Voici des sujets d'articles de presse. Transformez-les en titres.

Ex. : C'est certain, les impôts vont diminuer. → ***Impôts : diminution certaine.***

a. Le nouveau multiplexe de cinéma sera inauguré prochainement.

→ ....

b. Le maire s'engage fermement à mieux assurer la sécurité la nuit.

→ ....

c. En conflit avec le directeur de l'Opéra, le chef d'orchestre a démissionné.

→ ....

d. Le nombre de visiteurs qui ont visité la cathédrale Notre-Dame a fortement progressé.

→ ....

e. La plasturgie est promise à se développer fortement.

→ ....

27 ■ Jeux de mots et publicité. Reliez produits et slogans.

a. Attraction mutuelle.
b. Faire du ciel le plus bel endroit de la terre.
c. Si vous ne trouvez pas les mots, envoyez-lui des images.
d. Express yourself.
e. Découvrez l'insoutenable légèreté des choses.
f. Changez votre façon de voir.
g. Travaillez en toute liberté.
h. Esprit sur glace.
i. Les questions courent les rues. Pas les réponses.

1. alcool
2. opérateur de téléphone
3. matériel informatique
4. voiture
5. compagnie d'aviation
6. mobilier
7. machine à café
8. chaîne de magasins d'optique
9. gestion bureautique

28 ■ Des mots d'ailleurs. Associez.

a. chocolat → 2	**1.** perse
b. bambou	**2.** aztèque
c. divan	**3.** arabe
d banane	**4.** allemand
e. alcool	**5.** anglais
f. flirter	**6.** italien
g. choucroute	**7.** Guinée africaine
h. pergola	**8.** malais

29 ■ Des mots sous les mots. Retrouvez-les.

a. les vieux → ***le troisième âge***
b. les aveugles → ....
c. les sourds → ....
d. les clochards → ....
e. les maladies vénériennes → ....
f. les pays pauvres → ....

les sans domicile fixe (SDF) – les pays les moins avancés (PMA) – les malentendants – les non-voyants – les maladies sexuellement transmissibles (MST).

écrit

30 ■ Que pensez-vous de l'évolution de votre propre langue ? Une langue doit-elle s'enrichir d'apports étrangers ? Faut-il la préserver ? Faut-il la moderniser ? Jusqu'où ?

....
....
....
....
....
....
....

entraînement au DELF A3

Les épreuves orales de cette page sont à faire en classe avec votre professeur.

oral

14 films câble et satellites

MARDI 8 — 22.25

Sous le sable ***
Jean et Marie partent en vacances dans leur maison des Landes. Un après-midi, alors que Marie dort « sur le sable », Jean part se baigner et ne revient pas. S'est-il noyé, a-t-il fait une fugue ? Sur le thème de l'absence et du lourd travail de deuil, **François Ozon** s'inspire d'un événement tragique dont il fut témoin durant son enfance pour ciseler, en 2000, une superbe histoire, magnifiquement interprétée par **Charlotte Rampling**.
Cinéfaz ■

DIMANCHE 6 — 0.20

Attache-moi ***
L'enfant terrible du cinéma espagnol nous entraîne dans une de ses histoires délirantes avec deux atouts maîtres : Victoria Abril et Antonio Banderas. (1989)
Auteur ■

LUNDI 7 — 21.00

Coup de torchon ****
Bourkassa, 1938. Servi par une galerie de stars *(Noiret, Huppert, Marielle)*, Bertrand Tavernier pose un regard ironique sur l'Afrique coloniale. (1981)
Frisson ■

MERCREDI 9 — 21.00

Xiu Xiu ***
Une adolescente chinoise emportée dans la tourmente de la révolution culturelle. L'actrice Joan Chen passe derrière la caméra pour un joli film teinté de vécu. (1997)
Cinéfaz ■

VENDREDI 11 — 21.00

Marie Octobre ***
Qui, en 1944, a trahi le réseau de résistance et fait abattre l'époux de Danielle Darrieux ? Une tragédie moderne en forme de huis clos. (1958)
Cinétoile ■

DIMANCHE 6 — 21.00

La Cage aux Folles ***
Renato et Zaza unis pour le meilleur et pour le rire ! Molinaro adapte Jean Poiret et signe, en 1978, une pochade culte avec un Serrault en roue libre !
Cinétoile ■

MARDI 8 — 20.45

Ressources humaines ***
Un jeune cadre se fait l'artisan involontaire du licenciement de son père... Laurent Cantet explore le monde du travail et nous bouleverse. (1999)
Cinéstar 1 ■

MERCREDI 9 — 20.45

American Graffiti ***
Californie, 1962. Rock, twist, drive-in et drague en voiture. En 1973, avant de déclarer la guerre aux étoiles, George Lucas évoquait son adolescence insouciante...
Succès ■

VENDREDI 11 — 20.45

Une étoile est née ***
Et brille à jamais au firmament des stars... Judy Garland monte au paradis tandis que James Mason descend aux enfers. Un classique du film musical. (1954)
TCM ■

DIMANCHE 6 — 20.50

Jules et Jim ****
Une femme, deux hommes : « un pur amour à trois ». François Truffaut et Jeanne Moreau nous emportent dans le « tourbillon de la vie ». (1961)
TV Breizh ■

LUNDI 7 — 19.00

Astérix et Cléopâtre ***
En 1968, bien avant la *Mission* menée par le tribun Chabat, le petit Gaulois rencontrait déjà la reine d'Égypte pour un épatant film d'animation.
Disney Channel ■

MARDI 8 — 22.35

Serpico ***
Histoire authentique d'un inspecteur de police intègre confronté à la corruption et aux magouilles, avec Al Pacino fabuleux en flic anticonformiste. (1973)
Frisson ■

JEUDI 10 — 22.20

Les Portes de la nuit ***
« Ouvrir les portes de la nuit, autant rêver d'ouvrir les portes de la mer... » *(Paul Eluard)*. Carné, Prévert, Kosma et Trauner. Montand : une merveille. (1946)
Classic ■

VENDREDI 11 — 20.50

Cinéma Paradiso ***
Grandeur et décadence d'un petit cinéma sicilien. Oscar du meilleur film étranger en 1989 pour ce regard émouvant sur la fin d'une époque.
TF6 ■

Préparez la présentation de ce document à l'aide du questionnaire suivant :

1. De quel genre de document s'agit-il ? Quelle est sa fonction ?
....

2. Quel est le public visé ? ....

3. Quels sont les genres de films proposés ? Classez-les. ....

4. Retrouvez la nationalité de chacun de ces films. Classez-les. ....

5. Classez les films selon les époques (années 1940, 1950, 1960, etc.) ....

6. Quels sont les films pour lesquels on cite :
– le nom du réalisateur : ....
– le nom des acteurs : ....

7. À la lecture de ces différents résumés, pensez-vous que, d'une manière générale, le cinéma est le reflet de la vie ? Justifiez votre réponse.

écrit 1

multimédia...

Plus que quelques jours pour organiser vos vacances et sans vous ruiner ! Voici des centaines d'offres à des prix défiant toute concurrence.

Le soleil à prix dégriffés

① ▶ **Le site le plus complet**
www.sncf-voyages.com

Quand la SNCF se met aux voyages, ça mérite le détour. Rendez-vous dans la rubriques *Promos* pour découvrir les offres de dernière minute. Lors de notre enquête, nous avons déniché un séjour en Grèce, dans un hôtel-club 3 étoiles en pension complète à 338 € au lieu de 660 (soit 45 % de réduction) et un séjour en formule tout compris en hôtel 3 étoiles en République dominicaine à 795 € au lieu de 1 059 €. Complet, le site met aussi en ligne des formules vols secs, week-end ou vol avec hôtel et voiture.

② ▶ **Le plus détaillé**
www.anyway.fr

Un séjour d'une semaine en Tunisie en demi-pension à 200 € en pleine période de vacances, ça vous tente ? Ici on trouve des dizaines d'offres de séjours bradés jusqu'à 50 % de leur prix initial… Et si vous avez l'âme aventurière, le site vous propose aussi des circuits découverte à prix cassés. Les petits plus : *le Magazine* qui fourmille d'infos sur plus de quatre-vingts destinations et *le Calendrier événementiel* qui répertorie toutes les fêtes par pays et par date.

③ ▶ **Le plus grand choix**
www.lastminute.fr

Avec plus de quinze mille offres, on trouve à coup sûr son bonheur. Pour ce faire, surveillez régulièrement les *Bons plans* de la plage d'accueil si vous n'avez pas de destination précise. Sinon, le moteur de recherche vous permet de faire une recherche plus ciblée selon votre ville de départ, vos dates et tarifs. Vu sur le site : un séjour d'une semaine en Tunisie dans un hôtel-club 3 étoiles bradé à 259 €, vol compris, soit 46 % de réduction.

④ ▶ **Le plus discount**
www.nouvelles-frontieres.com

À l'approche des vacances d'été, Nouvelles Frontières lance *les Mardi Folies*. L'idée ? Chaque mardi, vous découvrez une sélection d'offres à des tarifs très attractifs, allant jusqu'à 40 % du prix catalogue. Tous les départs s'échelonnent entre le lendemain même et les quinze jours qui suivent. Et n'hésitez pas à faire un petit détour par la rubrique *Promos*, toujours bien fournie en petits prix.

⑤ ▶ **Le plus luxueux**
www.directours.fr

S'offrir un séjour de rêve dans un palace, c'est désormais à la portée de tous grâce à ce voyagiste qui dans sa rubrique *Spécial luxe* offre un large éventail de séjours à prix exceptionnels, comme ce séjour de quatre jours à Madère dans une *quinta* (ancienne demeure), membre de la très select chaîne *Small Luxury hotels of the World* pour 420 €, vol compris. Pour moins de 450 €, vous pouvez aussi vous offrir un séjour d'une semaine à Djerba, au Sofitel Palm Beach, un très beau palace 5 étoiles qui dispose d'un centre de balnéothérapie.

⑥ ▶ **Le plus dépaysant**
www.partirpascher.com

Ici, les prix sont imbattables sur les destinations lointaines. Du séjour d'une semaine au Mexique à 590 € à la croisière en voilier avec skipper dans les Grenadines à 920 €, en passant par la République dominicaine en hôtel 3 étoiles (avec mini-club pour les enfants) à 760 € ! Les offres sont alléchantes. Ils sont aussi les seuls à offrir des séjours tout compris en Martinique à moins de 700 €.

1. Voici six destinations. Retrouvez sur quel site chacune d'elle est proposée. Inscrivez le numéro du site.

a. une semaine au Mexique → ....
b. quatre jours à Madère → ....
c. un séjour en Grèce → ....
d. une semaine en Tunisie → ....
e. une croisière dans les Grenadines → ....
f. une semaine à Djerba → ....
g. un séjour en République dominicaine → ....

2. Sur quel site trouve-t-on les rubriques suivantes :

a. Mardi Folies → ....
b. Spécial luxe → ....
c. Bons plans → ....
d. le Magazine → ....
e. Promos → ....

3. Quel séjour est bradé à :

a. 420 euros → ....
b. 259 euros → ....
c. 795 euros → ....
d. 200 euros → ....
e. 760 euros → ....
f. 338 euros → ....
g. 590 euros → ....

écrit 2

Vous envoyez un mél au site Internet sur lequel vous avez repéré le séjour de votre choix. Vous voulez en savoir plus.

1 partager sa vie

vocabulaire

1 ■ Quel sentiment correspond à chacune de ces situations ?

a. « Dommage qu'on se soit séparé, on était tellement bien ensemble... »

→ ....

b. « Cette fois, je crois que c'est la bonne ! Jamais je n'ai rencontré quelqu'un comme elle... »

→ ....

c. « C'est un garçon formidable ; il a beaucoup de talent... Et beaucoup de charme ! »

→ ....

d. « Toujours elle, toujours elle ! J'existe, moi aussi. »

→ ....

e. « Je ne sais pas, je le trouve bizarre en ce moment. »

→ ....

f. « Cyril et moi, on est comme frère et sœur. »

→ ....

g. « Je crois qu'il tient beaucoup à moi. »

→ ....

h. « On n'est pas amoureux mais on s'aime beaucoup. »

→ ....

attachement – jalousie – tendresse – admiration – affection – soupçon – amour – nostalgie.

2 ■ Faites correspondre un sentiment à chacun des verbes.

a. aimer → ***l'amour***

b. tenir → ....

c. attirer → ....

d. ennuyer → ....

e. jalouser → ....

f. désirer → ....

g. décourager → ....

h. admirer → ....

3 ■ Vrai ou faux ?

	Vrai	Faux
a. Ils s'adorent = ils sont amoureux.	☐	☐
b. Il m'attire beaucoup = il me plaît vraiment.	☐	☐
c. Elle a un faible pour lui = elle le laisse indifférent.	☐	☐
d. Ils tiennent très fort l'un à l'autre = ils sont très attachés l'un à l'autre.	☐	☐
e. Ils forment un drôle de couple = c'est un couple très amusant.	☐	☐
f. Ils ont une curieuse idée de la fidélité = ils sont très fidèles l'un à l'autre.	☐	☐

grammaire

4 ■ Exprimez des regrets.

Ex. : Faire le premier pas (devoir) → ***J'aurais dû faire le premier pas.***

a. Rester (devoir) → Je ....

b. Partir (devoir) → Je ....

c. Se parler davantage (devoir) → On ....

d. Se revoir (pouvoir) → On ....

e. Rencontrer quelqu'un de bien (pouvoir) → Elle ....

f. Vivre un grand amour (pouvoir) → Tu ....

5 ■ Complétez par « à » ou « de ».

a. Il est incapable .... être fidèle.
b. Elle est prêt .... tout.
c. Elle n'a pas l'intention .... céder.
d. Elle tient beaucoup .... lui.
e. Il fait attention .... ne pas l'humilier.
f. Elle s'oblige .... faire comme si de rien était.
g. Il profite .... la situation.
h. Il prend le temps .... lui faire croire que tout ça n'est pas important.

écrit

6 ■ « Peut-on être amoureux(-euse) de deux personnes à la fois ? » Vous êtes chroniqueur (-euse) conjugal(e) dans un journal ; vous répondez à cette question du courrier des lecteurs. Donnez les arguments pour et contre.

....
....
....
....
....
....
....
....

2 dire comment

vocabulaire

7 ■ Voici l'explication : trouvez le substantif.

a. Ne pas croire tout ce que l'autre dit → ***la suspicion***
b. Ne rien cacher → ....
c. Dire ce que l'on pense → ....
d. Manifester de la surprise → ....
e. Exprimer sa compréhension dans une situation douloureuse → ....
f. Jouer sur deux aspects d'une même réalité → ....
g. Ne savoir que faire dans une situation donnée → ....
h. Ne pas avoir de réponse à une attente → ....

8 ■ Associez.

a. Je suis choqué.	**1.** J'ai honte.
b. Ça me gêne beaucoup.	**2.** Ça m'agace.
c. Je n'arrive pas à y croire.	**3.** Je suis outré.
d. Je voudrais disparaître.	**4.** C'est déroutant.
e. Tout ça m'énerve.	**5.** Je suis sidéré.
f. J'en ai vraiment assez.	**6.** Il est intenable.
g. C'est incompréhensible.	**7.** Ça me dérange vraiment.
h. Il est très énervé.	**8.** J'en ai marre.

9 Partager

grammaire

9 ■ Complétez avec les éléments ci-dessous.

a. « Si je m'en suis sorti, c'est vraiment .... vous.
b. – Peut-être .... Dieu, comme on dit souvent...
c. – Surtout .... la trousse de survie de Patrick qui contenait tout ce qu'il fallait.
d. – Et .... Catherine qui savait où trouver Patrick et, bien sûr, ... sa compétence de secouriste qui a fait merveille.
e – Et quand même .... un peu de chance ! »

grâce à – au moyen de – avec – par l'intermédiaire de – avec l'aide de.

10 ■ Transformez.

Ex. : Il a réussi à lui plaire ; il l'invite au restaurant.
→ ***Il a réussi à lui plaire en l'invitant au restaurant.***

a. Il a gagné ; il n'a reçu l'aide de personne.
→ ....
b. Il a trouvé du travail ; il a contacté son meilleur ami de promotion.
→ ....
c. On a dépassé les prévisions de vente ; on a mieux présenté le produit.
→ ....
d. Elle a retrouvé toutes ses amies de lycée ; elle a consulté l'annuaire des anciennes élèves.
→ ....
e. Il a gagné nettement ; il n'a compté que sur ses propres forces.
→ ....

écrit

11 ■ Séduire un client, séduire un employeur... Choisissez l'un ou l'autre et donnez la recette à l'impératif en 10 conseils.

....
....
....
....
....
....
....

3 apprendre à connaître les autres

vocabulaire

12 ■ Donnez le contraire.

a. rassembler → ***disperser***
b. renforcer → ....
c. intégrer → ....
d. appartenir → ....
e. associer → ....
f. solidariser → ....
g. connaître → ....

13 ■ Associez son sens à chacune des expressions suivantes.

a. faire la fête → **5.** s'amuser
b. faire sa fête (à quelqu'un)
c. être de la fête
d. se faire une fête de
e. faire fête

1. se réjouir
2. accueillir
3. menacer
4 être de la partie
5. s'amuser

14 ■ Trouver le double sens de chacune des expressions.

a. « Paris d'amis »
→ ***Paris (la ville) ; faire un pari***

b. « Pas de quartiers pour l'indifférence »
→ quartier : ....

c. « cent briques et des tuiles »
→ brique : ....
→ tuile : ....

d. « éviter les coûts de pompe »
→ coût : ....

e. « menus très complets à prix très menus »
→ menu : ....

f. « une idée toute fête »
→ fête : ....

g. « sauver sa peau »
→ sauver : ....

h. « drôles d'oiseaux »
→ oiseau : ....

grammaire

15 ■ Faites des suggestions.

Ex. : Suggérer d'inviter les voisins à faire la fête.
→ ***Et si on invitait les voisins à faire la fête*** *?*

a. Suggérer à un ami de laisser conduire sa femme.
→ ....

b. Suggérer à un ami d'aller consulter un médecin.
→ ....

c. Suggérer à une amie de se retrouver à la Fête de la musique.
→ ....

d. Suggérer à l'autre de partir en week-end tous les deux en amoureux.
→ ....

e. Suggérer de monter un voyage d'études pour mieux connaître les nouveaux marchés.
→ ....

16 ■ Dix conseils pour réussir une fête. Mettez à l'impératif.

Ex. : Trouver un thème amusant.
→ ***Trouvez un thème amusant.***

a. Bien choisir le lieu.
→ ....

b. Faire la liste des participants.
→ ....

c. Établir un budget.
→ ....

d. Prévenir les invités longtemps à l'avance.
→ ....

e. Concevoir l'invitation.
→ ....

f. Joindre un plan d'accès.
→ ....

g. Prendre un bon DJ parmi ses amis.
→ ....

h. Ne pas oublier de faire la liste des achats.
→ ....

i. Prévoir la décoration du lieu.
→ ....

Et que la fête commence !

écrit

17 ■ Que signifie pour vous « faire la fête ». Quelle sorte de fête préférez-vous ? Présentez-la et dites pourquoi.

....

4 parler de la fraternité

vocabulaire

18 ■ Faites deux listes. Classez les mots qui suggèrent la fraternité et ceux qui renvoient à l'exaltation de soi.

le partenaire – le réseau – s'appartenir – la solitude – l'équipe – le lien – partager – distant – l'ensemble – l'orchestre – l'espace privé – la diversité – le récital – aider – unique – moi, je... – égoïste – la solidarité – l'hospitalité – l'individu – chaleureux – l'hôte – se comprendre – le narcissisme.

a. La fraternité : ....
....

b. L'exaltation de soi : ....
....

19 ■ Remplacez le mot souligné par un mot ou une expression qui a le même sens.

a. Le profit <u>égoïste</u> → ***individuel***
b. Un monde <u>invivable</u> → ....
c. Un modèle <u>utopique</u> → ....
d. Une société de <u>réseau</u> → ....
e. Tirer <u>profit</u> → ....
f. Faire du <u>rattrapage</u> → ....
g. Une société <u>uniformisée</u> → ....
h. Être <u>l'hôte</u> de quelqu'un → ....

20 ■ Voici le verbe, trouvez le nom.

a. s'entraider → ***l'entraide***
b. secourir → ....
c. se dévouer → ....
d redistribuer → ....
e. mettre en commun → ....
f. partager → ....
g. comprendre → ....
h. assister → ....

grammaire

21 ■ Mettre en valeur une idée. Transformez.

Ex. : Avoir des enfants, <u>c'est pour moi le plus important</u>.
→ ***Ce qui est le plus important pour moi, c'est d'avoir des enfants.***

a. Pour elle, revenir vivre au pays <u>lui tient le plus à cœur</u>.
→ ....

b. Réussir notre vie de couple, <u>nous y sommes très attachés</u>.
→ ....

c. L'idée de solidarité <u>leur est fondamentale</u>.
→ ....

d. Pour lui, vivre une expérience à l'étranger, <u>c'est essentiel</u>.
→ ....

écrit

22 ■ Qu'est-ce qui vous paraît le plus important aujourd'hui : la recherche de la solidarité ou la recherche de la fraternité ? Donnez vos raisons.

....

....

....

5 agir pour les autres

vocabulaire

23 ■ Trouvez le contraire.

a. résister → ***capituler***
b. soutenir → ....
c. combattre → ....
d. construire → ....
e. défendre → ....
f. encourager → ....

24 ■ Reliez.

a. Être reconnu →	**1.** justice
b. Clamer	**2** l'injustice
c. Réclamer	**3.** coupable
d. Se battre pour	**4.** son innocence
e. Lutter contre	**5.** les droits de l'homme
f. Dénoncer	**6.** la barbarie
g. Commettre	**7.** un crime

grammaire

25 ■ Transformez en utilisant des relatifs.

Ex. : On peut compter sur cette femme.
→ ***C'est une femme sur laquelle/qui on peut compter.***

a. Tu peux faire confiance à cet ami.
→ ....

b. Je suis allé en vacances à Corfou à cause de ce livre.
→ ....

c. On a construit la salle de spectacle à côté de la piscine.
→ ....

d. Ce matin, tu parlais à une femme ; j'ai dîné avec elle.
→ ....

e. Annick est une fille très sûre ; tu peux compter sur elle.
→ ....

f. Vous vous référez à des données ; elles sont toutes fausses.
→ ....

g. Je suis allé dîner chez les Ridez ; j'irai peut-être en vacances chez eux.
→ ....

h. Je joue au scrabble tous les soirs avec les Truffaut.
→ ....

i. Être professeur est un beau métier ; on s'épanouit dans ce métier.

→ ....

j. Le droit à la dignité humaine est une juste cause. Elle s'est battue toute sa vie pour cette cause.

→ ....

k. Emma et Ottavio sont les enfants de mes amis ; je ferais n'importe quoi pour eux.

→ ....

écrit

26 ■ Pensez-vous qu'il soit aujourd'hui nécessaire de s'engager pour une cause politique, morale, sociale ou humanitaire ? Justifiez votre point de vue.

....

....

....

....

....

....

....

entraînement au DELF A3

Les épreuves orales de cette page sont à faire en classe avec votre professeur.

oral

BIEN-ÊTRE

HALTE AU GRIGNOTAGE

Alerte, les Français grossissent. 45 % des hommes et 18 % des femmes sont en surpoids. Et parmi les mauvaises habitudes le grignotage tient une place de choix. Comment y remédier ?

Les petits creux comblés n'importe quand et avec n'importe quoi pèsent lourd sur la balance. Et bien qu'on sache que le grignotage est un comportement pernicieux, on s'y adonne quand même. Pour être diététiquement correct, il faudrait perdre l'habitude de manger en dehors des repas. Selon les nutritionnistes, il est conseillé de faire **quatre repas par jour**. Un petit déjeuner conséquent, un déjeuner consistant, un goûter et un dîner léger. **Fractionner son alimentation** limite les sensations de faim, facilite la digestion et ne met pas en péril la silhouette.

UN CERCLE VICIEUX

Ce sont les repas irréguliers ou sautés qui favorisent le grignotage. On peut aussi avoir envie de manger quelque chose sans avoir faim parce que l'on est énervé, anxieux, triste ou seul... Et faisant un plein alimentaire, on comble ainsi un vide affectif. Grignoter peut être aussi un signe d'agressivité. Dans tous les cas, **il s'agit d'un comportement compulsif**.

Contrairement au grignotage de fin de matinée qui peut éventuellement être éliminé par l'activité de la journée, ceux du soir (après dîner pour les adultes ou avant dîner pour les enfants qui avalent gâteaux, bonbons, sodas, chips...) font le lit de l'obésité. **Ces encas stimulent la sécrétion d'insuline, chargée de réguler la glycémie, laquelle favorise le stockage des graisses.**

APAISER LA FAIM

Pour garder la ligne, il faut manger. Lorsqu'il est plein, l'estomac envoie des messages de satiété au cerveau. À volume égal, nous avons donc intérêt à consommer des aliments de moindre densité calorique. Préférez donc, lors des repas, **les protéines** : la viande maigre (poulet sans peau, jambon sans gras...), les œufs, le poisson, le fromage blanc allégé. **Pour les fibres :** légumes verts et féculents complets. Associés à chaque repas, ils calent votre estomac. Et n'oubliez pas de mâcher chaque bouchée avec soin. La mastication apaise la sensation de faim et facilite la digestion.

Aide-mémoire **contre les petits excès**

- **Boudez les glaces** Si vous ne pouvez pas résister à l'appel du froid, préférez les glaces au yaourt ou allégées, ou encore **les sorbets**, ils **ne contiennent pas de graisses**, ils sont seulement sucrés (un sucre et demi par boule).
- **Préférez l'eau aux sodas** Ces derniers contiennent beaucoup trop de sucres. Mieux vaut boire de l'eau plate, gazeuse ou aromatisée. **Autorisez-vous quelques sodas lights**.
- **Gare à l'apéritif** L'alcool contient autant de calories que les graisses. Son association avec les amuse-gueules équivaut parfois à **un repas complet**. Seuls les jus de citron ou de tomate sont peu caloriques.
- **Attention au pique-nique** Une poignée de chips, c'est 10 g de graisses. Évitez pâté, saucisson ou rillettes qui contiennent de 40 à 50 % de matières grasses. **Reportez-vous** sur les tomates, les œufs durs, les sandwichs de crudités, de bacon, de jambon ou de volaille.

Préparez la présentation de ce document à l'aide du questionnaire suivant :

1. De quel genre de document s'agit-il ? ....

2. De quelle rubrique est-il extrait ?

3. Contre quoi veut-il combattre ? Sur quel constat s'appuie-t-il ?

....

4. Retrouvez :

– les causes du grignotage : ....

– les conséquences : ....

5. Faites la liste des conseils contenus dans ce texte.

....

6. Où trouve-t-on les mises en garde ? Résumez-les.

....

7. Pensez-vous qu'une bonne hygiène alimentaire est nécessaire ? Quelle est l'importance dans cette hygiène des habitudes culturelles ?

....

....

écrit

TOUR DE FRANCE « À LA UNE »

« Lance Armstrong me fascine »

Passionné de cyclisme, Paul Clément est aussi un admirateur du sport de haut niveau. Côtoyant les plus grands, il eut la chance de croiser la route du champion Lance Armstrong, grand favori du Tour de France 2003. Pour nos lecteurs, le journaliste évoque, avec ses mots, la star d'US Postal.

Par Paul Clément

J'aime Armstrong parce qu'il suscite chez moi, à la fois de l'admiration, de l'émotion, de la passion et une envie farouche de me transcender. Plus que son palmarès et sa probable cinquième victoire sur le Tour, c'est son histoire, ses combats et son professionnalisme qui me fascinent. Les images se bousculent dans ma tête : le Texas d'abord. La belle aventure d'Armstrong a débuté dans cet État que je connais bien. Une amie française, qui vit à Dallas depuis longtemps, m'a raconté un jour qu'elle avait participé à des triathlons en sa compagnie. « C'était un piètre tacticien – se souvient-elle – mais il affichait déjà un potentiel exceptionnel. Il possédait la puissance, une capacité de récupération étonnante et il ne lui manquait que l'expérience à cette époque-là. »

La deuxième image est celle du couronnement en 1993. Loin du Texas, à vingt et un an, un jeune coureur plein d'avenir surgit de la pluie et du brouillard à Oslo, pour décrocher le titre de champion du monde. Armstrong a pris conscience de son potentiel.

Deux ans plus tard, c'est dans l'épreuve que le champion américain prend une autre dimension. Son coéquipier, Fabio Casartelli, trouve la mort dans la descente du col de Portet-d'Aspet. Armstrong est sous le choc. Pour lui rendre hommage, il oublie la souffrance et s'impose deux jours plus tard à Limoges. « C'est pour Fabio », dit-il en pointant deux doigts vers le ciel.

1996-1997 : les années noires. Le cancer, les traitements, le doute, la chimiothérapie, un corps qui s'affaiblit, mais un caractère qui se renforce. Là encore, Armstrong va gagner. Toutes les équipes européennes pensent que sa carrière est terminée et que son retour au premier plan est improbable. Il s'offre un nouveau départ avec l'US Postal et gagne le Tour 1999. Depuis, le miraculé du cancer règne en maître sur la grande boucle. Armstrong contrôle. Il fait jeu égal avec les grimpeurs. Il étonne par sa vélocité et son professionnalisme. L'extraterrestre d'Austin a décroché la lune et l'on voit mal qui pourrait mettre fin à son règne.

C'est en pensant à toutes ces images que je l'ai reçu, l'année dernière, dans mon émission, à l'occasion d'une journée de repos dans le Vaucluse. En bon professionnel, il n'est arrivé que cinq minutes avant l'antenne, serein et souriant. En bon communicant, il a choisi de s'exprimer en français, à travers des mots simples, pour fustiger les quelques énergumènes qui l'avaient sifflé à L'Alpe-d'Huez. En bon camarade, il a salué chaleureusement Jalabert et Virenque. Et en grand champion, il a joué les modestes, sans cacher son appétit de victoire. Quinze minutes de bonheur en compagnie d'un homme qui fait figure d'exemple. Un homme qui gagne et qui redonne de l'espoir à ceux qui doutent. Merci, Lance.

Lisez le texte et répondez aux questions suivantes :

1. Quels renseignements le texte nous donne-t-il sur Lance Armstrong (nom, prénom, nationalité, État d'origine, ville ; première discipline pratiquée ; premier Tour de France remporté) ?

2. Indiquez si les informations suivantes sont vraies ou fausses. Cochez la case.

	Vrai	Faux
a. Lance Armstrong a déjà gagné quatre fois le Tour de France.	☐	☐
b. Il a débuté au Texas, à Houston.	☐	☐
c. Il a été champion du monde en 1993, en Norvège.	☐	☐
d. Il est obligé de s'arrêter en 1996-1997 à cause de la mort de son coéquipier Fabio Casartelli.	☐	☐
e. Il a été sifflé par une partie du public à L'Alpe-d'Huez.	☐	☐
f. En 2002, dans les étapes de montagne, il a battu les Français Jalabert et Virenque.	☐	☐
g. Les qualités reconnues de Lance Armstrong sont d'être bon communicant, bon camarade et ambitieux.	☐	☐

1 faire des hypothèses

vocabulaire

1 ■ Trouvez le nom qui correspond au verbe.

a. accumulation → ***une accumulation***
b. percevoir → ....
c. croire → ....
d. découvrir → ....
e. existe → ....
f. mentir → ....
g. organiser → ....
h. prouver → ....
i. rechercher → ....

2 ■ Ils font quoi ? Définissez ces noms.

Ex. : Un berger, c'est celui qui ***garde les moutons****.*

a. Un ingénieur, c'est celui qui ....
b. Un cadre commercial, c'est celui qui ....
c. Un informaticien, c'est celui qui ....
d. Un médecin, c'est celui qui ....
e Un biologiste, c'est celui qui ....

3 ■ Dans quels types de livres, revues ou médias peut-on entendre ou lire les expressions suivantes ?

a. Dans l'éblouissement provoqué par la blancheur de la neige, il aperçut une forme gigantesque qui avançait vers lui.
→ ....
b. Les membres de la très sérieuse Société de cryptozoologie ont vérifié l'existence du cœlacanthe.
→ ....
c. Chers amis, notre invité va maintenant nous parler des origines extraterrestres de l'humanité auxquelles il croit dur comme fer.
→ ....
d. Alerte rouge : des ovnis aperçus dans le centre-ville.
→ ....
e. On vient de nous communiquer que les traces découvertes dans la forêt dont on a parlé hier seraient simplement le résultat d'une farce.
→ ....
f. Ne vous laissez pas distancer. Chaussez Hermès !
→ ....

rubrique faits divers d'un journal – revue scientifique – roman – titre de journal – publicité pour une marque de chaussures – émission de télévision.

grammaire

4 ■ Hypothèses et probabilité. Complétez les phrases avec les verbes qui conviennent.

a. D'après certains scientifiques, l'almasti *(ne pas exister)* ***n'existerait pas***. Ce *(être)* .... seulement un être fantastique qui *(créer)* .... par l'imagination humaine.
b. Selon certaines hypothèses, la Terre *(perdre)* .... son enveloppe de protection par rapport au Soleil.
c. La seule preuve de l'engagement des partenaires est donnée par la lettre d'intention qu'ils *(signer)* .... lors de notre dernière réunion.

d. Admettons que nous *(partir)* .... après tes examens, on *(devoir)* .... pouvoir faire la totalité du circuit.

e. Supposons qu'ils *(voler)* .... les plans, ils *(devoir)* .... être capables de construire l'appareil.

f. Si on *(vouloir)* .... vraiment y arriver, il *(ne pas falloir)* .... arrêter la production. Certains le *(vouloir)* .... bien. Mais selon d'autres, il *(être)* .... difficile de le faire admettre au syndicat.

5 ■ Mais c'était impossible ! Transformez les phrases comme dans l'exemple.

Ex. : Il n'a pas fait preuve d'imagination : il n'a pas donné cette explication.
→ ***Il aurait fait preuve d'imagination s'il avait donné cette explication.***

a. On n'a pas mis en doute sa découverte : il a pris des photos de ce poisson.
→ ....

b. Les scientifiques du pays ne sont pas venus au congrès : personne n'avait pu démontrer l'existence de l'almasti.
→ ....

c. On n'a pas découvert les espèces de singes que l'on cherchait : on n'a pas pu visiter la région.
→ ....

d. Notre théorie n'a pas été bien connue : on n'a pas eu les moyens de la diffuser.
→ ....

e. Les gens ont menti : ils n'ont pas été informés que leurs témoignages allaient être vérifiés.
→ ....

f. On n'a pas cru à leurs affirmations : ils n'ont pas réussi à les justifier.
→ ....

g. Je n'ai pas dit que c'était du folklore : j'ai vu les photos.
→ ....

h. Je ne suis pas arrivé à cette conclusion : je n'ai pu connaître ses recherches.
→ ....

i. Ils ne nous l'ont pas communiqué : ils n'ont aperçu aucune possibilité d'erreur.
→ ....

j. Le yeti n'a pas vécu dans les montagnes de l'Himalaya : son existence n'a pas été prouvée.
→ ....

écrit

6 ■ « Si l'ordinateur n'avait pas été inventé... » Vous participez à un forum et vous écrivez un petit texte dans lequel vous exposez les conséquences positives et/ou négatives de cette hypothèse.

....
....
....
....
....
....
....

2 décrire des personnes

vocabulaire

7 ■ Qu'est-ce que ces sigles signifient ? Retrouvez les mots qu'ils abrègent et ce qu'ils recouvrent.

Sigles :

a. VTT
b. ZEP
c. BTS
d. PME
e. Smic
f. Pacs
g. Capes
h. ENA

Mots que les sigles abrègent :

A. École normale d'administration
B. Petites et moyennes entreprises
C. Salaire minimum interprofessionnel de croissance
D. Vélo tout terrain
E. Pacte civil de solidarité
F. Brevet de technicien supérieur
G. Zone d'éducation prioritaire
H. Certificat d'aptitude pédagogique à l'enseignement secondaire

Ce que les sigles recouvrent :

1. Union civile, reconnue par la loi, entre deux personnes du même sexe ou de sexe différent qui décident de vivre ensemble sans passer par le mariage.
2. Une des grandes écoles françaises, qui prépare les hauts fonctionnaires de l'administration et les cadres des grandes entreprises.
3. Salaire minimal qui est dû en France à tout travailleur.
4. Certificat qui permet d'enseigner dans les collèges.
5. Bicyclette que l'on peut employer sur n'importe quel type de terrain.
6. Une entreprise qui emploie de 10 à 500 ouvriers.
7. Zone où les établissements scolaires jouissent d'avantages particuliers à cause de la présence d'un grand nombre d'élèves réputés « difficiles ».
8. Diplôme d'enseignement supérieur qui comporte deux ans d'études après le bac.

a. .... **c.** .... **e.** .... **g.** ....
b. .... **d.** .... **f.** .... **h.** ....

8 ■ Que font-ils ? Définissez comme dans l'exemple.

a. un smicard → ***quelqu'un qui est payé au Smic.***
b. un vététiste → ....
c. un pacsé → ....
d. un capésien → ....
e. un énarque → ....

9 ■ Caractérisez.

a. la personne (âge, physique, caractère, état civil...) → ....
....
b. les lieux de vie et de travail → ....
....
c. les objets familiers → ....
....
d. attitudes et actions → ....
....

une combinaison – une casquette – un uniforme – un vélo – produit du vin – un quartier – les vignobles – a des enfants – débouche des bouteilles – croit au mariage – des chaussures montantes – un pantalon large – une maison – aide les élèves – mange du riz – s'assoit par terre – une table – la ville – une usine automobile – circule dans les rues – une grosse voiture – enseigne les sciences – 28 ans – rêve d'un autre métier – l'école – a fait des études – est marié.

grammaire

10 ■ La place des adjectifs : avant ou après le nom ? Transformez les phrases comme dans l'exemple.

Ex. : Ancien :
Il est retourné à son .... école .... → ***Il est retourné à son ancienne école.***
J'adore les .... maisons .... → ***J'adore les maisons anciennes.***

a. *Certain :* Il est bien, ce D.J. Au Bobo Club, il provoque un .... enthousiasme ....
b. *Entier :* Le tribunal lui a donné .... satisfaction ....
c. *Fort :* Avec un BTS, on a de .... chances .... d'avoir un travail qualifié.
d *Fou :* C'est vraiment une .... idée .... Ça ne va pas marcher !
e. *Gros :* Ils ont eu de .... problèmes .... d'argent, mais maintenant ça va mieux.
f. *Heureux :* C'est un .... couple .... : ils s'adorent !
g. *Jeune :* Il se demande comment enseigner les sciences à ses .... élèves .... qui maîtrisent mal le français.
h. *Large :* La mode des .... pantalons .... revient périodiquement.
i. *Libre :* Il a voulu être un .... homme ...., mais sa liberté lui a coûté cher !
j. *Long :* En tant que fille de viticulteur, elle a une .... expérience .... en matière de vins
k. *Nouveau :* Voici votre .... professeur .... de mathématiques.
l. *Riche :* Elle a une .... collection .... de bouteilles.
m. *Vrai :* Cette histoire devient un .... casse-tête .... !

écrit

11 ■ Vous, en « héros ordinaire ». Faites votre portrait à la troisième personne pour un magazine de votre pays.

....
....
....

3 parler de ses lectures

vocabulaire

12 ■ Caractérisez.

a. Un lieu → ***immense,*** ....
....
b. Une personne → ....
....
c. Un sentiment, une émotion → ....
....

aigu – violent – immense – bas – chétif – curieux – poussiéreux – déchirant – désertique – précaire – distrait – haut – lointain – méchant – mince – sombre – petit – vaste – fort – étonnant – intense – clos – minuscule – souriant – tendre – original – étrange – drôle – doux – irrité – laid – idiot – fleuri – fréquenté – frénétique – furieux.

13 ■ Associez.

a. se sentir
b. lâcher
c. élever
d. saisir
e. pleuvoir
f. se fier
g. hausser

1. à son intuition
2. l'occasion
3. les épaules
4. mal à l'aise
5. prise
6. la voix
7. des cordes

14 ■ À partir de ce signalement, rédigez un portrait.

Homme vivant seul à Paris. Peau claire ; cheveux courts ; visage souriant ; front aux rides serrées. 40 ans environ. Toujours habillé de noir. Habite une petite chambre dans le XVIIIe arrondissement. Air bizarre. Sans doute dangereux.

→ ***Il s'agit d'un homme qui vit seul à Paris*** ....
....

grammaire

15 ■ Exprimer le doute, le souhait, l'opinion. Complétez la conversation.

a. Je suis heureux que quelqu'un *(écrire)* .... enfin sur « les droits du lecteur » !
b. Ben... Je ne pense pas que tu *(être)* .... enthousiaste au sujet du « droit de ne pas lire »...
c. Au contraire ! Je crois que *(falloir)* .... pouvoir exercer aussi ce droit.
d. J'aimerais bien que tu me *(dire)* .... quelque chose sur le « droit de sauter les pages ».
e. Eh ben, il faudrait qu'on *(pouvoir)* .... lire en sautant les pages !
f. Mais je ne crois pas que tu le *(faire)* .... souvent : tu aimes trop la lecture !
g. Justement ! J'aime lire et je voudrais que tout le monde *(comprendre)* .... l'importance des livres.
h. Ce qui veut dire, si je comprends bien, qu'il ne faut pas que les gens *(se sentir)* .... obligés de lire.
i. Absolument ! Et il vaudrait mieux qu'à l'école on *(permettre)* .... aux enfants de ne pas finir un livre s'ils ne l'aiment pas.
j. Une dernière question. Selon toi, est-il possible qu'un bon lecteur *(lire)* .... en « grappillant » ?
k. Pourquoi pas ? Je suis sûr et certain que cela *(ne pas signifier)* .... la mort du livre !

16 ■ Récit au passé. Mettez le texte au passé.

J'arrive à l'heure fixée : il est sept heures et demie. Il fait presque nuit. L'ancien magasin n'est pas fermé. J'entre en poussant la porte qui a perdu sa serrure depuis longtemps.
À l'intérieur, tout est calme. En écoutant avec plus d'attention, on entend seulement un petit bruit clair et régulier, qui semble assez proche : des gouttes d'eau qui viennent s'écraser au sol, s'écoulant d'un robinet mal fermé. Sous la faible clarté qui filtre à travers de grandes fenêtres aux vitres crasseuses, je distingue à peine quelques vieux objets que le temps a noircis.
Quand mes yeux se sont enfin habitués à la pénombre, je remarque l'homme. Debout, immobile, il me regarde sans dire un mot, même pas un simple bonjour. Il porte des lunettes noires et je pense tout de suite qu'il est peut-être aveugle...

→ ***Je suis arrivé à l'heure fixée*** ....
....
....
....

écrit

17 ■ « Il s'est endormi sur son livre. La fenêtre ouverte, tout à coup, lui paraît immense. C'est par là qu'il s'envole... »

Écrivez la suite de ces lignes. Donnez un visage à ce « il » qui s'envole, racontez où il va, ce qu'il fait..., exprimez ses sentiments à propos du livre sur lequel il s'est endormi.

....

....

....

4 interpréter une scène

vocabulaire

18 ■ Associez.

a. convaincre → 5	**1.** ses promesses
b. convenir	**2.** à l'ordre
c. entendre	**3.** ses chances
d. gâcher	**4** son monde
e. ignorer	**5.** du bien-fondé de son interprétation
f. oublier	**6.** raison
g. rappeler	**7.** d'un rendez-vous
h. surprendre	**8.** les reproches

19 ■ Retrouvez la catégorie qui comprend les mots de ces séries.

a. coffre-fort – liquide – banque – salaire – chèque → ***argent***
b. rédacteur – quotidien – pige – mise en page – interview → ....
c. autrement – toujours – presque – alors – évidemment – exceptionnellement → ....
d. femme de ménage – garagiste – maquettiste – employé – policier → ....
e. à côté de – face à – au début de – au-dessus de – en compagnie de – près de → ....
f. cambriolage – vol – effraction – meurtre – hold-up → ....

20 ■ Associez les phrases aux sentiments qu'elles expriment.

a. Pas question ! → ***refus***
b. Ça suffit ! → ....
c. Je préfère ne pas regarder. → ....
d. Tiens ! Qu'est-ce que tu fais là ? → ....
e. Ça m'inquiète vraiment... → ....
f. Non, mais dites donc, vous vous prenez pour qui ? → ....
g. Ça, jamais ! → ....
h. J'en ai assez de ce bruit ! → ....
i. Encore une journée comme ça et je démissionne... → ....
j. Ciel, mon mari ! → ....
k. Non, c'est non ! → ....
l. Ce n'est pas vrai ! Vous, ici ! → ....
m. Oh là là ! C'est noir, là-dedans ! Je n'y vais pas ! → ....

refus – colère – surprise – peur – irritation.

écrit

21 ■ « Mireille Lebrun, lycéenne, enfant prodige de la littérature. » À partir des notes que vous avez ci-dessous, rédigez son interview (questions et réponses) pour un magazine destiné aux adolescencents.

– âge, famille, études
– goûts, habitudes, loisirs
– défauts, qualités
– quand elle a commencé à écrire et pourquoi
– projets littéraires
– projets d'avenir

....
....
....
....
....
....
....

5 rêver avec les mots

vocabulaire

22 ■ À quel sens du mot souligné renvoient les phrases suivantes ? Donnez la forme homonyme et son sens.

Ex. : J'ai acheté une livre de cerises. → ***une livre (= 500 grammes) ; un livre (à lire).***

a. Il interprète ça sur un mode léger.
→ mode : ....
b. Il n'a finalement pas pris le poste qu'on lui proposait.
→ poste : ....
c. Il m'a joué un drôle de tour.
→ tour : ....
d. Ces mannequins, on les dirait tous faits sur le même moule.
→ moule : ....
e. La critique est facile, l'art est difficile, comme on dit.
→ critique : ....

23 ■ Des mots « en couleur ». Expliquez le sens des expressions imagées à l'aide d'un dictionnaire.

a. un petit blanc sec → ***un vin blanc sec***
b. faire chou blanc → ....
c. montrer patte blanche → ....
d. donner le feu vert → ....
e. l'Europe verte → ....
f. une carte bleue → ....
g. un cordon bleu → ....
h. un film noir → ....
i. avoir des idées noires → ....

24 ■ Énigmes. Les mots qui les composent ne diffèrent que par la lettre initiale. Retrouvez-les à travers les définitions proposées.

Énigme n° 1

.... **a.** fait briller les chaussures
.... **b.** phénomène optique qui se vérifie dans un désert
.... **c.** ensemble des copies d'un livre
.... **d.** la courbe dans une route

Énigme n° 2

.... **a.** jet d'eau
.... **b.** pour servir la soupe
.... **c.** pour parler et manger
.... **d.** origine

Énigme n° 3

.... **a.** sommet de la montagne
.... **b.** utile pour les ongles
.... **c.** parle avec son corps
.... **d.** fait partie d'un vers

Énigme n° 4

.... **a.** enferme souvent de petits oiseaux
.... **b.** voit ce que les autres ne voient pas
.... **c.** on la lit
.... **d.** se dit d'un enfant obéissant

écrit

25 ■ « Aimer les mots. Aimer un mot. Le répéter, s'en imprégner. Comme un peintre aime une ligne, une forme, une couleur. »
Choisissez un mot que vous aimez particulièrement et écrivez un petit paragraphe à propos de ce mot.

....
....
....

entraînement au DELF A3

écrit

De quoi ont-ils peur ?

Autant le savoir pour éviter des mauvaises surprises.

En France, si vous fréquentez des comédiens, évitez de prononcer le mot « corde » sur un plateau : le jeune premier pourrait tomber dans les pommes. N'offrez jamais d'œillets à une actrice : elle pourrait fondre en larmes apparemment sans raison. Et gare à la petite touche de vert dans un costume : les comédiens pourraient quitter le théâtre en courant. Pourquoi tout cela ? La superstition a ses règles, mais aussi son histoire…

La corde, par exemple, remonterait au… XIXe siècle, époque de la construction des grands théâtres, avec des scènes très hautes qui demandaient des machinistes n'ayant pas peur du vide pour monter sur des passerelles suspendues et manœuvrer les décors. Comme c'était aussi l'époque du déclin de la marine marchande, beaucoup d'anciens marins, familiers du vide car habitués à manœuvrer les voiles, devinrent machinistes… et apportèrent à leur nouveau métier l'interdiction de prononcer le mot « corde », en vigueur sur les bateaux, sous peine de sanction.

Les œillets, à leur tour, ont toujours été des fleurs très bon marché réservées, dans la tradition théâtrale, plutôt aux figurantes, ce qui explique la réaction négative d'une actrice devant le bouquet d'œillets d'un admirateur naïf : elle pourrait penser qu'il a peu d'estime pour son talent !

Quant à la peur du vert, c'est une histoire qui remonterait… à la Grèce ancienne. Les acteurs jouaient avec des masques qui leur coloraient le visage de vert et laissaient des traces même après le spectacle, ce qui les rendait reconnaissables partout. Or, comme on sait que les comédiens, dans le passé, étaient considérés comme des marginaux, qui ne pouvaient même pas être enterrés dans les cimetières chrétiens, on comprend qu'ils aient fait du vert une couleur à bannir, vu qu'elle signalait l'appartenance à une communauté d'exclus. La règle a, comme toujours, ses exceptions et Molière, de son temps, a bien donné des rubans verts à son Misanthrope*, mais vous pouvez être sûr que la plupart des gens de théâtre respectent ces superstitions et… vous ferez bien de vous y faire, vous aussi, maintenant que vous en connaissez l'histoire…

* Protagoniste de la comédie de Molière portant le même nom.

COMPRÉHENSION

Lisez le texte et répondez aux questions suivantes :

1. Quel est le sujet du texte ?

....

2. Quels sont les trois interdits des comédiens ?

....

3. Retrouvez dans le texte les phrases qui signifient :

a. « Il vaut mieux que vous le sachiez… » → ....

b. « habitués au vide » → ....

4. Trouvez le sens de ces mots ou expressions parmi les trois proposés :

A. « le jeune premier » :

☐ **a.** le comédien qui joue un premier rôle d'amoureux
☐ **b.** le comédien qui arrive le premier sur la scène
☐ **c.** le comédien le plus jeune de la troupe

B. « tomber dans les pommes » :

☐ **a.** tomber d'un pommier parmi les fruits mûrs
☐ **b.** se retrouver dans une situation difficile
☐ **c.** s'évanouir

C. « fondre en larmes » :

☐ **a.** pleurer sans pouvoir se retenir
☐ **b.** diluer quelque chose dans un liquide
☐ **c.** faire semblant de pleurer au théâtre

D. « gare à la petite touche de vert sur un costume »

☐ **a.** placez un peu de vert sur un costume
☐ **b.** attention à ne pas mettre de vert sur un costume
☐ **c.** attention à ne pas faire de tache de vert sur un costume

E. « une couleur à bannir » :

☐ **a.** une couleur pour laquelle il faut faire un concours
☐ **b.** une couleur à éviter absolument
☐ **c.** une couleur à chanter

F. « vous ferez bien de vous y faire »

☐ **a.** vous ferez bien de vous y habituer
☐ **b.** vous ferez bien de le faire
☐ **c.** vous ferez bien d'y aller

5. Retrouvez dans le texte à quelle époque remonte :

a. l'interdit de la corde : ....

b. l'interdit du vert : ....

6. Donnez un autre titre à ce texte.

PRODUCTION ÉCRITE

Vous faites partie des techniciens d'une troupe de théâtre. Vous n'êtes pas superstitieux(-euse), mais... vous avez eu des ennuis avec cette couleur.
Vous racontez dans une lettre à un(e) ami(e) ce qui vous est arrivé à propos d'une veste et d'une voiture vertes que vous aimiez beaucoup. Vous donnerez les informations nécessaires sur les points suivants :

- raisons de l'achat de la veste verte ;
- premier incident ;
- votre réaction à cette mésaventure ;
- raisons de l'achat de la voiture verte ;
- types d'ennuis procurés par la voiture ;
- votre réaction définitive.

1 discuter un point de vue

vocabulaire

1 ■ Du verbe au substantif.

a. revendiquer → ***la revendication***
b. militer → ....
c. dénoncer → ....
d. confronter → ....
e. promettre → ....
f. proclamer → ....
g. renoncer → ....
h. émanciper → ....
i. déclarer → ....
j. bouleverser → ....

2 ■ Former des expressions. Associez.

a. l'intérêt ***national***
b. l'esprit ....
c. le front ....
d. un régime ....
e. le débat ....
f. la volonté ....
g. les aspirations ....
h. les relations ....
i. la coopération ....
j. une situation ....

populaire – totalitaire – conflictuel – individuel – démocratique – diplomatique – international – parlementaire – collectif.

3 ■ Corps et politique. Reliez et formez des métaphores.

a. Le corps	1. pouvoir	→ ....
b. Les membres	2. État	→ ....
c. La main	3. économie	→ ....
d. Le cœur	4. gouvernement	→ ....
e. Le poumon	5. armée	→ ....
f. L'âme	6. étranger	→ ....
g. Les grandes oreilles	7. électoral	→ ***Le corps électoral***
h. La tête de	8. nation	→ ....

grammaire

4 ■ Concéder ; faire des réserves. Assemblez les éléments pour faire des phrases en utilisant les mots ci-dessous.

Ex. : Ils ont obtenu satisfaction ; ils n'ont pas fait grève.
→ ***Ils ont obtenu satisfaction bien qu'ils n'aient pas fait grève.***

a. Ils travaillent beaucoup dans la semaine ; ils peuvent se reposer pendant le week-end.
→ ....

b. Ils n'ont pas voté la loi ; ils étaient d'accord sur le principe.
→ ....

c. Leur candidat sera élu ; peu importe qui ils présentent.
→ ....

d. On augmentera la durée du travail ; les syndicats s'y opposent.
→ ....

e. On peut toujours améliorer la protection sociale ; elle est déjà très correcte.
→ ....

à moins que – mais – même si – encore que – qui que.

5 ■ Faites des objections.

Ex. : Tu ne le veux pas ; je viendrai quand même.
→ ***Bien que tu ne le veuilles pas, je viendrai quand même.***

a. La diététique progresse ; le nombre d'obèses augmente.
→ ....
b. Les conseils de prudence sont de plus en plus contraignants ; le nombre d'imprudences baisse lentement.
→ ....
c. L'affaire ne se fait pas ; elle n'a pas de regrets.
→ ....
d. La crise économique se durcit ; la consommation ne baisse pas.
→ ....

écrit

6 ■ Quelle place accordez-vous au passé ? Vous paraît-il important de s'y référer, de le commémorer, de le transmettre ? Donnez vos raisons.

....
....
....
....
....

2 découvrir les signes du passé

vocabulaire

7 ■ Reconstruisez les images toutes faites des guides touristiques en associant les adjectifs aux lieux. Il y a parfois plusieurs associations possibles.

a. un village ***pittoresque***
b. une ville ....
c. une vallée ....
d. une plaine ....
e. un massif ....
f. un site ....
g. un monument ....

riant – accueillant – imposant – audacieux – animé – charmant – riche – majestueux – unique – curieux – riche de son passé – surprenant – grandiose.

8 ■ On désigne souvent les villes ou les monuments par des métaphores. Associez.

Ex. : la tour Eiffel → ***la dame de fer****.*

a. Notre-Dame
b. le Louvre
c. Lyon
d. Versailles
e. Nancy
f. le Centre Pompidou
g. Toulouse
h. les Champs-Élysées
i. Deauville
j. l'Opéra de Paris

1. la raffinerie
2 la grande boutique
3. la plus célèbre avenue du monde
4. la résidence des rois de France
5. le vaisseau de pierre
6. le palais du Roi-Soleil
7. la capitale des Gaules
8. la capitale des ducs de Lorraine
9. la perle de la côte normande
10. la ville rose

9 ■ Qui sont-ils ?

a. le Roi-Soleil ....
b. le Bon Roi ....
c. l'Aigle ....
d. le chef de la France libre ....
e. le Tigre ....
f. la pucelle d'Orléans ....

de Gaulle – Napoléon – Louis XIV – Clemenceau – Jeanne d'Arc – Henri IV.

grammaire

10 ■ Quand on parle d'un monument, on utilise la forme passive. Transformez.

Ex. : Une volonté de Louis XIV, la construction de Versailles.
→ La construction de Versailles a été voulue par Louis XIV.

a. Pendant la Révolution française, la Convention a transformé le Louvre en musée.
→ ....

b. Le président Pompidou a décidé la construction du Centre qui porte son nom.
→ ....

c. Dans la deuxième moitié du XIXe siècle, Haussmann a considérablement modifié l'urbanisme de Paris.
→ ....

d. Napoléon a ordonné la construction de l'Arc de Triomphe de l'Étoile pour célébrer les victoires de ses armées.
→ ....

11 ■ Faites des phrases en utilisant la forme impersonnelle.

Ex. : Existence de nombreuses plaques commémoratives dans Paris.
→ Il existe de nombreuses plaques commémoratives dans Paris.

a. Décision de construire un nouveau musée pour les arts premiers.
→ ....

b. Aménagements prévus pour accueillir des personnes à mobilité réduite.
→ ....

c. 1 500 objets sélectionnés parmi les plus représentatifs.
→ ....

d. Le public semble plus attiré aujourd'hui par les civilisations extra-européennes que par le passé.
→ ....

e. Certitude que cette attirance s'explique par la multiplication des voyages.
→ ....

écrit

12 ■ Quand vous voyagez, accordez-vous plus de place au passé (aux monuments) qu'au présent (aux gens), ou est-ce l'inverse ? Justifiez votre réponse.

....
....
....
....
....
....
....

3 se souvenir en littérature

vocabulaire

13 ■ Chassez l'intrus.

a. classique – romantique – naturaliste – poétique.
b. le roman – la nouvelle – l'essai – le conte.
c. la poésie – le drame – le roman – le théâtre.
d. une autobiographie – une citation – des mémoires – une confession.
e. la préface – l'avant-propos – l'avertissement – l'extrait.
f. survoler – parcourir – lire – feuilleter.
g. un classique – un chef-d'œuvre – une référence – un pamphlet.
h. une librairie – une bibliothèque – un kiosque – un centre de documentation.

14 ■ Reliez.

a. L'intrigue →	**1.** a rarement été traité.
b. L'histoire	**2.** est bien construite.
c. Le personnage principal	**3.** fait preuve de savoir-faire.
d. Le sujet	**4.** se passe de nos jours.
e. L'écrivain	**5.** se lit sans déplaisir.
f. Le livre	**6.** manque de consistance.

15 ■ Trouvez le sens de ces expressions.

a. Ne me raconte pas d'histoires. → ....
b. Tout ça ne rime à rien. → ....
c. Arrête de faire des histoires. → ....
d. Pour obtenir ce visa, quelle histoire ! → ....
e. Bon, on tourne la page, et on passe à autre chose. → ....

grammaire

16 ■ Que faisiez-vous dans les années 1970 ?

a. Croire à la Révolution.
→ On ....
b. Célébrer le « flower power ».
→ Nous ....
c. Partir 3 mois à Katmandou.
→ Je ....
d. Aller voir *More, Woodstock, Easy Rider* au cinéma et découvrir les premiers films de Woody Allen.
→ Nous ....
e. Vivre une grande passion avec deux garçons, Michel et Dominique.
→ Je ....
f. Lire Kerouak et écouter les Pink Floyd.
→ On ....
g. Ne pas connaître le chômage, le sida.
→ Nous ....
h Commencer sérieusement à penser à travailler.
→ Je ....

écrit

17 ■ Faut-il vivre en permanence en se référant à son propre passé et en l'imposant aux autres générations ou se projeter délibérément dans l'avenir ? Indiquez votre choix et donnez vos raisons.

....
....
....
....

4 rechercher ses origines

vocabulaire

18 ■ Caractériser l'origine. Voici le substantif, trouvez l'adjectif.

a. la possibilité → ***possible***
b. la probabilité → ....
c. l'hypothèse → ....
d. la vraisemblance → ....
e. la faisabilité → ....
f. l'éventualité → ....
g. la virtualité → ....
h. la réalité → ....

19 ■ Rechercher l'origine. Complétez les expressions avec les mots ci-dessous.

a. Il semble qu'une erreur d'attention soit .... de l'accident.
b. Attention ! ne manquez pas .... !
c. Elle jouait déjà lors de .... de la pièce.
d. Le différend était déjà en ....
e. Le chômage est .... de tous les maux.
f. .... de la doctrine chrétienne est dans l'Ancien et le Nouveau Testament.
g. .... de départ, c'est l'égalité de tous devant l'épreuve.
h. Quand on fait .... de cette histoire, on comprend mieux ce qui est arrivé après.
i. Il faut remonter à .... du mal.
j. Il aurait fallu traiter le problème à ....

le germe – la création – la cause – le début – le fondement – la source – la genèse – l'origine – la racine – le principe.

grammaire

20 ■ Complétez ces phrases avec les éléments ci-dessous ; plusieurs combinaisons sont possibles.

a. Il semble qu'il ....
b. Il y a peu de chances pour qu'on ....
c. On voudrait bien qu'ils ....
d. J'ai l'impression qu'on ....
e. D'après lui, ce ....
f. Rien ne permet d'affirmer que ce ....

c'est une affaire de mœurs – c'est lui l'assassin – avoir perdu la raison – voir par ici – réussir à le retrouver – ne jamais le revoir.

21 ■ Exprimer la possibilité. Transformez.

Ex. : Pierre viendra ; c'est possible.

→ ***Il est possible que Pierre vienne.***

a. Ils reviendront demain ; c'est possible.

→ ....

b. Je partirai la semaine prochaine ; il y a peu de chances pour cela.

→ ....

c. Je ne retrouverai pas sa trace ; c'est probable.

→ ....

d. La situation va se détériorer ; c'est fort possible.

→ ....

e. Je ne reverrai pas mon pays avant longtemps ; c'est peu probable.

→ ....

écrit

22 ■ La famille joue-t-elle un rôle important dans votre société ? Expliquez pourquoi.

....
....
....
....
....
....
....
....

5 parler des lieux de mémoire

vocabulaire

23 ■ Du verbe au substantif.

a. évoquer → ***une évocation***
b. se remémorer → ....
c. commémorer → ....
d. oublier → ....
e. omettre → ....
f. redire → ....
g. reconnaître → ....
h. témoigner → ....

24 ■ De quoi s'agit-il ? Identifiez.

a. « Rappelle-toi Alger 1969... Les Aurès, le désert du M'Zab... » → ....
b. On se réunira au monument aux morts pour un hommage à nos camarades disparus. → ....
c. Ton anniversaire est toujours pour moi un moment d'émotion ; je tenais à te le dire. → ....
d. Dans ce poème, Victor Hugo renvoie à un événement tragique de son histoire personnelle. → ....
e. À la mémoire de nos amis Michel et Dominique, trop vite, trop tôt disparus. → ....
f. On peut encore voir la salle de classe qui sert de cadre au roman. → ....

une plaque – une trace – une pensée – un souvenir – une commémoration – une réminiscence.

25 ■ Donnez le contraire.

a. passé → ***présent***
b. démodé → ....
c. révolu → ....
d. conservateur → ....
e. passéiste → ....
f. rétrograde → ....
g. archaïque → ....
h. nostalgique → ....

26 ■ Quel sentiment ou quelle attitude rattachez-vous à ces expressions ?

a. C'était le bon temps... → ....
b. Du passé faisons table rase. → ....
c. Le pire est toujours à venir. → ....
d. On n'arrête pas le progrès. → ....
e. Il faut suivre son temps. → ....
f. Le monde est plein de choses qui s'enfuient. → ....

la mélancolie – le pessimisme – l'esprit révolutionnaire – la nostalgie – l'esprit novateur – une attitude progressiste.

27 ■ Voici quelques titres de films. Ils renvoient à des lieux de mémoire historique, géographique, culturelle, sociale. Classez-les.

Indochine – Moulin Rouge – Germinal – Le Dernier Métro – Pigalle – Le Hussard sur le toit – Le Colonel Chabert – Amélie de Montmartre *(Le Fabuleux Destin d'Amélie Poulain) – La Gloire de mon père – La Grande Vadrouille – Jean de Florette – Papy fait de la résistance – L'Amant.*

- Paris : ....
- Nostalgie coloniale : ....
- Résistance ; Occupation : ....
- Mémoire ouvrière : ....
- Mémoire napoléonienne : ....
- Mémoire littéraire : ....
- Mémoire provençale : ....

écrit

28 ■ Pour raconter l'histoire de votre pays, quels « lieux de mémoire » choisiriez-vous ? Dites pourquoi.

....

....

....

....

....

....

....

....

entraînement au DELF A3

Les épreuves orales de cette page sont à faire en classe avec votre professeur.

oral

NOS DROITS

Prêt d'argent : un écrit évite les conflits

Se prêter de l'argent en famille ou entre amis, quoi de plus naturel ? La confiance est généralement au rendez-vous, et le procédé permet aux intéressés de réaliser de sérieuses économies par rapport à un prêt bancaire classique. « Cependant, vous avez toujours intérêt à formaliser le prêt par un écrit, souligne la Chambre des notaires de Paris. Vous vous prémunirez ainsi contre toute contestation ultérieure sur l'existence ou la nature de la dette. En effet, en l'absence d'écrit, l'emprunteur de mauvaise foi pourrait un jour affirmer n'avoir jamais reçu les fonds versés en espèces, ou prétendre indûment que le chèque remis représentait une libéralité de votre part. »

Au dessus de 800 €

L'établissement d'un écrit est obligatoire pour prouver tout prêt d'un montant supérieur à 800 €*. En dessous de ce montant, la preuve peut se faire par tout moyen (témoignages, par exemple), mais mieux vaut, là encore, jouer de prudence et formaliser l'opération par écrit. Cette recommandation vaut également pour les prêts familiaux. À défaut, le fisc pourrait évaluer puis taxer d'office le revenu dissimulé et facturer des intérêts de retard au bénéficiaire. Ou considérer qu'il y a eu donation et réclamer les droits éventuellement dus. Certes, les donations entre parents et enfants sont exonérées jusqu'à 46 000 €, puis taxées au taux de 5 à 40 % au-delà de ce montant, mais il n'en va pas de même, par exemple, pour les donations entre frères et sœurs qui sont imposées au taux de 35 ou 45 %. Au final donc, l'addition risque d'être salée !

Comment procéder ?

« Pour formaliser le prêt, vous pouvez demander à l'emprunteur d'établir un acte sous-seing privé en trois exemplaires. Un pour chacune des parties, et un destiné à l'administration qu'il faudra faire enregistrer à la recette des impôts de votre domicile afin d'en rendre la date incontestable, précise la Chambre des notaires de Paris. Il vous en coûtera 75 € auxquels s'ajouteront 3 € par page. Aucun formalisme particulier n'est cependant exigé, mais pour limiter les risques de litige, mieux vaut être le plus précis possible. »
Ce type d'acte comporte cependant un inconvénient majeur : il ne permet pas de faire saisir automatiquement les sommes dues en cas de non-remboursement. Autrement dit, si l'emprunteur vous fait faux bond, vous devrez, dans un premier temps, tenter de trouver un arrangement amiable puis, en cas d'échec, lui adresser une mise en demeure par lettre recommandée avec avis de réception. Et si cette démarche ne donne rien, saisir le juge d'instance ou de grande instance selon le montant des sommes en cause… Une procédure qui pourra vous être évitée si vous demandez à un notaire de réaliser l'acte. Ce dernier ayant force exécutoire, il vous sera alors possible, en cas de pépin, de faire recouvrer les sommes dues par un huissier sans avoir à saisir la justice. ■

** Article 1341 du Code civil.*

Préparez la présentation de ce document à l'aide du questionnaire suivant :

1. De quel genre de document s'agit-il ? ....

2. De quelle rubrique est-il extrait ? ....

3. Quel est le sujet abordé ? ....

4. Qu'est-ce qu'on s'attend à trouver dans le texte ? ....

5. Retrouvez dans le texte :

a. l'énoncé du problème : ....

b. les conditions de sa mise en œuvre : ....

c. les conseils : ....

6. Pensez-vous qu'il est nécessaire de donner une forme juridique à tous les actes de la vie familiale, amicale ou personnelle ? ....

....

....

écrit 1

DEUX-ROUES

LA DOLCE VESPA

La mythique italienne a des amoureux dans le monde entier. En France, de nombreux clubs sont consacrés à sa version vintage, ultratendance.

Xavier, trader parisien, est fou amoureux de Gina. Il y a de quoi. Gina est une superbe Vespa des années 60 qui semble tout droit sortie d'un film de Cinecittà. « Rouler avec, c'est la classe ! » commente-t-il. Comme tous les amateurs, il a compris que le meilleur moyen de trouver des pièces détachées d'époque, des accessoires vintage et de précieux conseils était de se rapprocher du Vespa Club de Paris. « Je me méfie des brocantes, on y trouve peu de choses, c'est trop cher et dans un état lamentable. » Jean-Claude, cadre bancaire, fréquente, lui, tous les rassemblements scootéristes de France et de Navarre. « L'été je passe mon temps dans les manifestations de clubs régionaux à échanger des pièces et à dénicher des raretés. »

Trouver sa guêpe. La Vespa, « guêpe » en italien, est née à la fin de la Seconde Guerre mondiale grâce au génie d'un jeune entrepreneur, Enrico Piaggio. Le succès du modèle est immédiat, surtout auprès des jeunes qui en apprécient l'élégance. Excepté les modèles rares et recherchés des années 1947 à 1951, dénicher une Vespa d'origine n'est pas trop difficile. La meilleure solution : consulter les petites annonces de journaux de brocante – c'est ainsi que la majorité des passionnés achètent leurs modèles – et les magazines de clubs scootéristes qui abondent. Le prix d'achat des Vespa n'est pas ruineux. Un modèle Acma des années 60 dans son jus se négocie autour de 800 €, mais une 180 ou 200 Rallye, Vespa sportive très appréciée, tourne déjà autour de 2 300 €. Pour une Sprint GTR, comptez au moins 1 530 €. Dans tous les cas, préférez un modèle en bon état, avec le moins de réparations possible à effectuer. Car entretenir une Vespa n'est pas bon marché. Et les « petits plus » ne sont pas donnés. Jean-Claude dépense sans compter pour ses cinq petits bolides italiens et « ne pense qu'à les embellir » ! Résultat, il consacre la moitié de son budget loisirs à ses deux-roues favoris ! Ce qui coûte le plus, « ce sont les accessoires d'époque à assortir. Mais rien n'est trop beau ! »

Affaires en ligne. Notre passionné nous livre son bon plan pour dénicher des pièces : le web. Il est fidèle aux sites du Vespa club de France et de Vintagescooters dont il apprécie le côté convivial. Sur ce dernier, on découvre notamment la collection de Vespa vintage d'un amoureux qui sait parler aux dames : à sa « petite femme Lili » il a offert voici trois ans une Vespa GS 150 de 1961 ! Car, ne l'oublions pas, la Vespa est aussi une histoire d'amour. Avec elle, sillonner à deux les routes, n'est-ce pas follement glamour ?

Lisez le texte, puis trouvez les bonnes réponses au questionnaire suivant :

1. Gina est :
- ☐ **a.** une célèbre actrice italienne
- ☐ **b.** un film historique réalisé à Cinecittà
- ☐ **c.** le nom d'une Vespa des années 1960

2. Le Vespa Club de Paris permet :
- ☐ **a.** de retrouver des Vespas identiques
- ☐ **b.** de retrouver des pièces détachées d'origine
- ☐ **c.** de bénéficier de conseils spécialisés

3. La Vespa signifie en italien :
- ☐ **a.** le modèle original
- ☐ **b.** la guêpe
- ☐ **c.** le modèle de collection

4. L'inventeur de la Vespa est :
- ☐ **a.** Vittorio Baggio
- ☐ **b.** Enrico Piaggio
- ☐ **c.** Gino Vespa

5. Les modèles les plus recherchés sont ceux :
- ☐ **a.** des années 1960
- ☐ **b.** des années 1947-1951
- ☐ **c.** du milieu des années 1950

6. Les prix de Vespa vont :
- ☐ **a.** de 800 euros à 2 300 euros
- ☐ **b.** de 180 euros à 200 euros
- ☐ **c.** ne dépassent pas 150 euros

7. Les modèles recherchés sont :
- ☐ **a.** les 180 et 200 Rallye
- ☐ **b.** les Sprint GTR
- ☐ **c.** les GS 150

écrit 2

Vous répondez à une annonce pour faire un stage dans un cabinet d'avocats, parue dans « Le Journal de Paris » du 30 juin 2003.
Vous indiquez le poste visé et ce que vous faites actuellement. Vous synthétisez vos qualités pour ce poste et précisez votre disponibilité.

1 découvrir un comportement

vocabulaire

1 ■ Qu'est-ce qu'ils expriment ?

a. Le Québec en hiver ? Mais tu te rends compte des températures ? Des vacances pour geler, non merci !
→ ....
b. Les pays tropicaux, c'est vraiment ringard. → ....
c. Moi, je rêve des couleurs de l'Andalousie. C'est magique ! Et la Mosquée de Cordoue, quoi de plus intéressant que ce lieu de culte pour trois religions ? → ....
d. Bof, moi... vous savez, les villes d'art, j'aime beaucoup, mais la mer, ça me tente aussi... Enfin je ne sais pas.
→ ....
e. Pas besoin de me le répéter. Quand est-ce qu'on part ? J'adore l'Égypte. → ....
f. Les Antilles, c'est cher ! On ne peut pas se ruiner pour des vacances ! → ....
g. Madrid ou Lisbonne ?... Vraiment je n'arrive pas à décider ! → ....

critique – enthousiasme – indécision.

2 ■ Classez les mots suivants.

film – ville d'art – plage – souvenirs – natation – cassette – appareil photo – auberge de jeunesse – apprentissage d'une langue – villages de vacances – forêt – visites – casque – musée – caméra – balade – guide – restaurant – stage de cuisine – rafting – livres – désert – ski nautique – hôtel – site archéologique.

a. Objets : ....
b. Lieux : ....
c. Activités : ....

3 ■ Auquel de ces domaines associez-vous les adjectifs suivants ?

nouveau – rapide – connu – immobile – lointain – virtuel – historique – numérique – rituel – inconnu – local – ancien – insolite – changeant – étrange – hyper-spécialisé.

a. Tradition : ....
b. Technologies : ....
c. Exotisme : ....

grammaire

4 ■ Caractériser. Répondez aux questions comme dans l'exemple.

Ex. : Qui sont les « nouveaux itinérants » ? (gens 30-40 ans/avoir revenus supérieurs)
→ ***Ce sont des gens de 30-40 ans qui ont des revenus supérieurs.***

a. Qui sont les touristes « bobo » ? (bourgeois et bohème/goût pour la tradition et la nouveauté)
→ ....
b. Qui sont les touristes « mangeurs d'images » ? (reconnaître à leur caméra dernier modèle)
→ ....
c. Qui sont les touristes « érudits » ? (voir surtout sur les sites archéologiques)
→ ....
d. Qui sont les touristes « routards » ? (faire très attention au rapport qualité-prix)
→ ....
e. Qui sont les touristes « décontractés » ? (être essentiel de parler avec les gens)
→ ....

5 ■ Transformez ce texte en disant le contraire.

LE PORTRAIT DU BON GUIDE

« Nous, on a eu de la chance quand on est allés en Égypte. On est tombés sur un guide extraordinaire. Il était très fort en histoire et il parlait un excellent français. On voyait qu'il aimait son métier. Il nous a donné plein de détails sur les derniers tombeaux retrouvés et il nous a laissé le temps de bien regarder. Il nous demandait souvent notre opinion et il répondait volontiers à nos questions. Et puis, il nous a conseillé un petit restaurant pas cher du tout où on a très bien mangé. Conclusion : on a passé une journée fantastique, que nous n'oublierons pas. »

→ ***Le portrait du guide nul***

« Nous, on n'a pas eu de chance quand on est allés en Égypte ....

....

....

....

....

....

....

écrit

6 ■ Attiré par l'annonce ci-dessous, vous venez de louer cette maison pour l'été. Vous écrivez de manière enthousiaste à un ami pour l'inviter à passer quelques jours de vacances dans ce lieu de rêve.

À LOUER POUR L'ÉTÉ.
À dix minutes de l'aéroport de Toulon, dans un village provençal, vous trouverez : piscine privée, équitation, une maison traditionnelle entièrement équipée avec jardin privatif, entourée de 1 300 hectares de bois et de lacs.

2 lire un récit de voyage

vocabulaire

7 ■ Caractérisez. (Il peut y avoir plusieurs réponses.)

a. un déjeuner : ....

b. un monument : ....

c. un paysage : ....

d. une atmosphère : ....

délicieux – imposant – inexprimable – merveilleux – original – mystérieux – enchanté – immense – lointain.

8 ■ Opinions contraires. Faites comme dans l'exemple.

a. des prix accessibles ≠ ***inaccessibles, inabordables***
b. une ville magique ≠ ....
c. une sensation délicieuse ≠ ....
d. une terre fertile ≠ ....
e. des espaces immenses ≠ ....
f. une statue imposante ≠ ....
g. un souvenir original ≠ ....
h. un lieu privilégié ≠ ....
i. des groupes nombreux ≠ ....
j. une plage solitaire ≠ ....

9 ■ Associez.

a. Une boutique →	**1.** inconnue
b. Un écrivain	**2.** radieuse
c. Un explorateur	**3.** de souvenirs
d. Des oiseaux	**4.** suprême
e. Une cité	**5.** voyageur
f. Une terre	**6.** ingrat
g. Un climat	**7.** intrépide
h. Un bonheur	**8** exotiques

grammaire

10 ■ Attentes et réalité. Faites des comparaisons en utilisant les mots ci-dessous.

Ex. : Vos amis : « Pas besoin de réserver un hôtel à l'avance pour une semaine à Rome ! »
Réalité : vous avez téléphoné la veille du départ et vous n'avez rien trouvé.
→ ***Selon mes amis, on n'a pas besoin de réserver un hôtel à l'avance pour une semaine à Rome. J'ai téléphoné la veille de mon départ, mais, contrairement à ce qu'ils m'avaient dit, je n'ai rien trouvé.***

a. Votre guide des États-Unis : « Dans l'immensité des prairies, vous retrouverez les émotions de l'Ouest américain qui a inspiré tant de films célèbres... »
Réalité : rien que des routes interminables bordées de motels de toute sorte.
→ ....

b. Votre imagination : un village de pêcheurs où il fait bon flâner dans les ruelles désertes.
Réalité : un village plein de boutiques de souvenirs et de touristes bruyants.
→ ....

c. Vos amis : « À Marseille, il faut aller chez Milou pour une bonne bouillabaisse à un prix correct. »
Réalité : vous avez trouvé un bon rapport qualité-prix.
→ ....

d. Votre imagination : admirer Athènes sous un ciel bleu, du haut de l'Acropole.
Réalité : impossible. On ne voit pas la ville à cause de la pollution.
→ ....

e. Vos amis : « Éviter d'aller à Séville à Pâques : les hôtels sont trop chers. »
Réalité : vous êtes allé à Séville et l'hôtel vous a coûté les yeux de la tête.
→ ....

comme – contrairement à ce que – tandis que – alors que – ainsi que.

11 ■ Des questions au monologue. Transformez selon l'exemple.

Ex. : Combien de personnes sont impliquées dans cette affaire ?
→ ***Je me demande combien de personnes sont impliquées dans cette affaire.***

a. Qu'est-ce qu'il y a derrière tout ça ? Pourquoi il y a tant de mystère autour de cette affaire ?
→ ....
b. Vont-ils arrêter les coupables ? Arriveront-ils à les confondre ?
→ ....
c. Que sont-ils devenus ? Qu'ont-ils vu ? Pourquoi est-on fasciné par cette histoire incroyable ?
→ ....

écrit

12 ■ Écrivez un texte pour votre journal intime qui parle d'un après-midi sur la plage pendant vos dernières vacances en Bretagne. Servez-vous des notes suivantes.

ciel nuageux – matinée à l'hôtel très monotone – décision de sortir quand même l'après-midi – promenade en bord de mer – plage déserte – beaucoup de vent – mer agitée – rochers pour s'abriter – sensation de paix absolue – seuls bruits : les vagues, très hautes, les cris des mouettes – bateaux de pêcheurs à l'horizon – tempête qui se prépare – spectacle terrible et fascinant – inquiétude pour les hommes en mer.

....
....
....

3 exprimer des sentiments

vocabulaire

13 ■ Éliminez l'intrus.

a. chagrin – tristesse – consolation – déprime.
b. découragement – abattement – réconfort – désespoir.
c. poisse – misère – fête – détresse.
d. euphorie – bien-être – plaisir – angoisse.
e. méchanceté – joie – enchantement – bonheur.

14 ■ Qu'est-ce qu'on exprime ?

a. Comme je suis content que vous ayez réussi ! → ***joie***
b. Faites comme vous voulez, ça m'est égal ! → ....
c. C'est dommage que vous ne soyez pas venus : la pièce a été magnifique. → ....
d. Ce n'est pas ce que je voulais. Vous devez travailler mieux. → ....
e. Comment peut-on supporter un langage pareil ? → ....
f. C'est génial comme mise en scène, tu ne trouves pas ? → ....
g. Son discours m'a vraiment déçu : il ne tient pas debout. → ....
h. Ça m'énerve quand il sort ses phrases de circonstance ! → ....
i. C'est tout ? Mais, dites, vous ne vous êtes pas cassé la tête ! → ....
j. Vu ce qu'il vient de dire, je crois qu'on ne peut rien faire... → ....
k. Encore ces images ! C'est révoltant ! → ....

irritation – déception – résignation – indignation – indifférence – regret – insatisfaction – enthousiasme.

grammaire

15 ■ Une rencontre heureuse. Complétez les répliques avec les expressions de la liste.

a. Monsieur A, *avec chaleur* : Oh ! Chère amie. .... de vous rencontrer ici !
b. Madame B, *ravie* : ...., moi aussi, ... de vous rencontrer, vraiment oui !
c. Monsieur A : Comment allez-vous, depuis que vous avez changé de travail ?
d. Madame B, *très naturelle* : Depuis que... ? Vous savez, j'ai changé de poste, mais je continue à m'occuper d'habillement.
e. Monsieur A : .... ! Enfin, oui, vraiment, je trouve que ....
f. Madame B, *modeste* : Oh, n'exagérons rien ! Mais c'est vrai que ....
g. Monsieur A, *intrigué mais sceptique* : Seulement ? ....
h. Madame B, *restrictive* : Du moins je le crois. Enfin !
i. Monsieur A, *avec admiration* : Oui, je comprends. Moi, je trouve que ....
j. Madame B, *toujours modeste, mais flattée* : Mais non, mais non : ....

vous êtes géniale – c'est intéressant – Quel bonheur – Très heureuse – Vous me décevez – Comme c'est agréable – c'est agréable – très heureuse – c'est seulement ce que je voulais.

16 ■ Un client impossible. Complétez la conversation avec les éléments de la liste. Attention ! Plusieurs solutions sont possibles.

a. Regardez cette montre, madame. C'est un objet .... pour un cadeau d'anniversaire !
b. Vous trouvez ? .... ! Je cherche quelque chose de plus élégant...
c. Celle-ci alors, avec le bracelet en or.... C'est .... !
d. Mmm .... C'est trop voyant
e. Et qu'est-ce que vous dites de celle à côté ? Avec les aiguilles en forme de stylo... C'est .... pour une jeune fille !
f. Non, je n'aime pas. .... ce que vous avez ?
g. Oui, madame. ...., on n'a rien d'autre à vous proposer.
h. .... que vous n'ayez pas ce que je cherche...
i. Mais, au fait, est-ce que vous savez ce que vous cherchez ?

Ça ne me convient pas – parfait – C'est tout... – Ce n'est pas ce que je voulais – intéressant – génial – Malheureusement – C'est dommage.

écrit

17 ■ Rédigez la lettre que les SDF de Saint-Étienne (voir livre de l'élève, p. 144) écriraient au journal local pour manifester leur déception et leur indignation après l'émission que la télévision leur a consacrée à l'occasion des fêtes de Noël.

....
....
....
....
....
....
....

4 parler des images

vocabulaire

18 ■ États d'âme et réalités. Éliminez l'intrus.

a. angoisse – confiance – peur – crainte – agressivité.
b. espoir – confiance – disponibilité – terreur – tranquillité.
c. avenue – désert – galerie – quartier – place.
d. chameau – désert – sable – oasis – rue.
e. photo – touriste – image – film – appareil.
f. jour – moment – hiver – heure – gens.

19 ■ Du verbe au substantif.

a. regarder → ***le regard***
b. observer → ....
c. percevoir → ....
d. cadrer → ....
e. viser → ....
f. prendre une photo → ....
g. développer → ....
h. monter → ....

20 ■ Dites-le autrement.

Ex. : J'errais dans les rues. → ***Je vagabondais, je marchais sans but.***

a. Je faisais des photos. → ....
b. Les gens avaient l'air sympa. → ....
c. J'avais envie d'un café. → ....
d. Je me sentais bien. → ....
e. Pour faire passer mes angoisses. → ....
f. Pour me « dérouiller ». → ....
g. J'avais mauvaise conscience. → ....

grammaire

21 ■ Des actions habituelles. Mettez ce texte au passé.

À sept heures et demie, tous les matins, je rencontre un homme âgé au coin de la rue. Il se penche vers un petit chien noir qui est assis sur le trottoir. L'homme l'invite à faire le beau. Si le chien obéit, son maître sort un biscuit d'un petit sac en plastique et le lui tend par petits morceaux. Le biscuit terminé, ils reprennent leur promenade. Tous les matins, je croise une femme qui porte sous le bras un petit chat en peluche. Elle revient probablement de l'école maternelle où elle vient de déposer son enfant et, sans doute, l'enfant a pris l'habitude de refuser d'y aller sans sa peluche. Le petit chat porte les marques des caresses de l'enfant ; il a l'air comique avec une oreille déchirée et le nez arraché.

À sept heures et demie, tous les matins, ***je rencontrais*** ....

....

....

....

....

22 ■ Les difficultés de l'écriture. Réécrivez le texte.

1. Reconstituez l'ordre des phrases. 2. Réécrivez le texte au passé et à la première personne.

a. Elle ne peut plus supporter de les voir, elle se lève, s'approche de la fenêtre et revient vers la table.
b. Elles deviennent une tache sans forme à côté de la feuille de papier.
c. Elle a la tête pleine d'images, mais dès qu'elle veut les fixer et les transposer en mots, elles se dissolvent.

d. La page reste blanche et les objets dont elle se sert pour écrire deviennent les témoins de son impuissance.
e. Elle ne peut qu'attendre, accepter cette pluie d'idées et d'images, de sensations et d'émotions qu'elle n'arrive pas à ressembler.
f. Elle écrit, réécrit, déchire, jette dans la corbeille.

1. Ordre des phrases : f. – ....

2. *J'écrivais, réécrivais, déchirais, jetais dans la corbeille.* ....

écrit

23 ■ Avez-vous l'esprit collectionneur ou pas ? Dites pourquoi.

....

....

....

5 puisque vous partez en voyage...

vocabulaire

24 ■ Qui l'a dit ? Associez les phrases de la liste aux types d'amoureux(-euses) indiqués.

a. Amoureux(-euse) jaloux(-ouse) : ....

....

b. Amoureux(-euse) tendre : ....

....

Ça va, tu te sens bien ? – Pourquoi tu ne m'as pas appelé ? – Tu la connais ? – Encore un copain, tu en as combien comme ça ? – Coucou, je t'aime... – Où étais-tu encore ? – Ton copain est super sympa. – Je ne te dérange pas ? – Tu as vu comme il te dévisage ! – Tu m'appelles quand tu veux. – Oh ! je suis là !

25 ■ Dans quelle intention ces expressions sont-elles prononcées ?

a. Je ne te mérite pas. → ***s'excuser/se faire pardonner***
b. C'est vous que j'attendais. → ....
c. Juste un dernier verre... → ....
d. J'étais avec des clients japonais. → ....
e. Tu es belle quand tu pleures. → ....
f. Mon répondeur était en panne. → ....
g. Tu pourras toujours compter sur moi. → ....
h. Je vais être franc avec toi... → ....
i. Noël prochain, c'est juré, on le passe ensemble. → ....

se disputer – s'excuser/se faire pardonner – continuer la conversation – faire une promesse – entrer en contact – se justifier.

26 ■ Trouvez les contraires.

a. affreux	≠ ***beau, bon***		**e.** passager	≠	....
b amoureux	≠	....	**f.** sage	≠	....
c. chéri	≠	....	**g.** simple	≠	....
d. inquiet	≠	....	**h.** vrai	≠	....

grammaire

27 ■ Deux lettres en une. Complétez la lettre suivante pour obtenir :

a. la lettre d'un admirateur romantique,

b. la lettre d'un admirateur ironique.

Cher (ère) ami (e),

J'ai souvent admiré votre/vos (1).
Je vous trouve très (2).
Je vous ai aperçu(e) (3) et je me suis dit : j'aimerais bien (4), mais quelque chose m'a retenu(e).
Ce que j'aime le plus en vous, c'est votre (5).
Je rêve de tenir dans mes mains votre (6).
Je donnerai (7) pour vous rendre (8).
J'espère qu'un jour nous nous rencontrerons (9) et que vous pourrez connaître le côté (10) de ma personnalité.
Votre (11).

1. yeux bleus – nœud papillon – insouciance
2. comme il faut – charmant(e) – drôle
3. à une table de café – dans un embouteillage – dans l'ascenseur
4. l'embrasser – lui parler de la pluie et du beau temps – avoir son téléphone
5. sourire – air décontracté – compte en banque
6. main – cartable – carnet de chèque
7. ma vie – mes vieux bouquins – un euro
8. heureux(-euse) – ridicule – hommage
9. au marché aux fleurs – au coin d'une rue – dans une cabine téléphonique
10. le meilleur – sympa – dérangé
11. admirateur secret – mauvaise conscience – clown triste

a. ***Chère amie, J'ai souvent admiré vos yeux bleus*** ....

....

....

....

écrit

28 ■ Vous décidez d'écrire une réponse à votre admirateur secret, mais sur un ton ironique.

....

....

....

....

....

....

entraînement au DELF A3

écrit

1- Piau Engaly

Les petits et les grands, les moins sportifs et les plus disponibles, en famille ou entre amis, tout le monde a son jour de neige à Piau Engaly. Raquettes, ski alpin, surf ou scooter, promenades en traîneau à chiens, la station la plus enneigée des Pyrénées françaises est aux portes de l'Espagne.

Maison du tourisme : 05 62 39 61 69
www.piau-engaly.com

2 - Megève

Depuis toujours, Megève a su allier l'art de vivre à la française, l'authenticité du site et l'aspect sportif. Le domaine skiable « Évasion du Mont-Blanc » fait de Megève un des grands noms du ski dans le monde entier avec plus de 460 km de piste et de dénivelées variant de 1 113 à 2 500 m.

Office du tourisme : 04 50 93 03 09
www.megeve.com

3 - Saint-Martin-de-Belleville

Situé à 1 450 m d'altitude, Saint-Martin-de-Belleville a su garder son cachet de village authentique tout en s'intégrant aux 3 Vallées, le plus grand domaine skiable au monde. Saint-Martin conserve le charme de la Savoie d'autrefois avec ses ruelles étroites, ses maisons faites de pierre, de bois et de lauzes*, et sa belle église de style baroque.

Office du tourisme
St-Martin-de-Belleville : 04 79 08 93 09
www.saint-martin-belleville.com

4 - Ax

75 km de pistes entre 1 400 et 2 400 m d'altitude, trois domaines aux profils variés, une neige garantie dans chacun des trois domaines grâce à 28 canons à neige supplémentaires : si vous aimez choisir votre ski, Ax est la station qu'il vous faut.

Station de ski : 05 61 64 20 06
www.vallees-ax.com

5 - Auron

Située aux portes du parc national du Mercantour, à 1 600 m d'altitude, Auron offre à ses visiteurs le confort recherché tout en présentant un cadre de vie traditionnel. Au pied des remontées mécaniques, le village séduit par son architecture et ses chalets qui s'harmonisent parfaitement au site naturel.

Maison du tourisme d'Auron :
04 93 23 02 66
www.french-ski.com/alpesazur/auron

** lauze = plaque de schiste utilisée dans le sud de la France pour couvrir les maisons.*

COMPRÉHENSION

Lisez ces cinq publicités et répondez aux questions suivantes :

1. Quelle est la localité dont le site Internet est en anglais ?

....

2. Quelle est la station qui vante des centaines de kilomètres de piste ?

....

3. Dans quel village se trouve une église baroque ?

....

4. Quelle est la localité où les activités citées sont très variées ?

....

5. Quelle est la localité où on peut faire du ski même s'il ne neige pas beaucoup ?

....

6. Retrouvez, dans les textes lus, à quelle expression correspond la description suivante :
« Descendant toutes trois du Massif de Péclet (3 560 m), les vallées de Saint-Bon (Courchevel - La Tania), des Allues (Meribel – Brides-les-Bains), de Belleville (Saint-Martin – Les Menuires – Val Thorens) sont des sites privilégiés... »

....

7. Dites si ces affirmations sont vraies (V) ou fausses (F) ou si vous ne pouvez pas répondre (?).

a. À Saint-Martin, il n'y a que des maisons modernes.	V	F	?
b. Il faut être de bons sportifs pour passer des vacances à Piau.	V	F	?
c. À Ax, on peut choisir son ski.	V	F	?
d. Toutes les localités offrent un cadre de vie traditionnel dans le respect de la nature.	V	F	?
e. On peut faire de belles promenades à raquettes à Piau.	V	F	?
f. Une « dénivelée », c'est une variation d'altitude.	V	F	?

PRODUCTION ÉCRITE

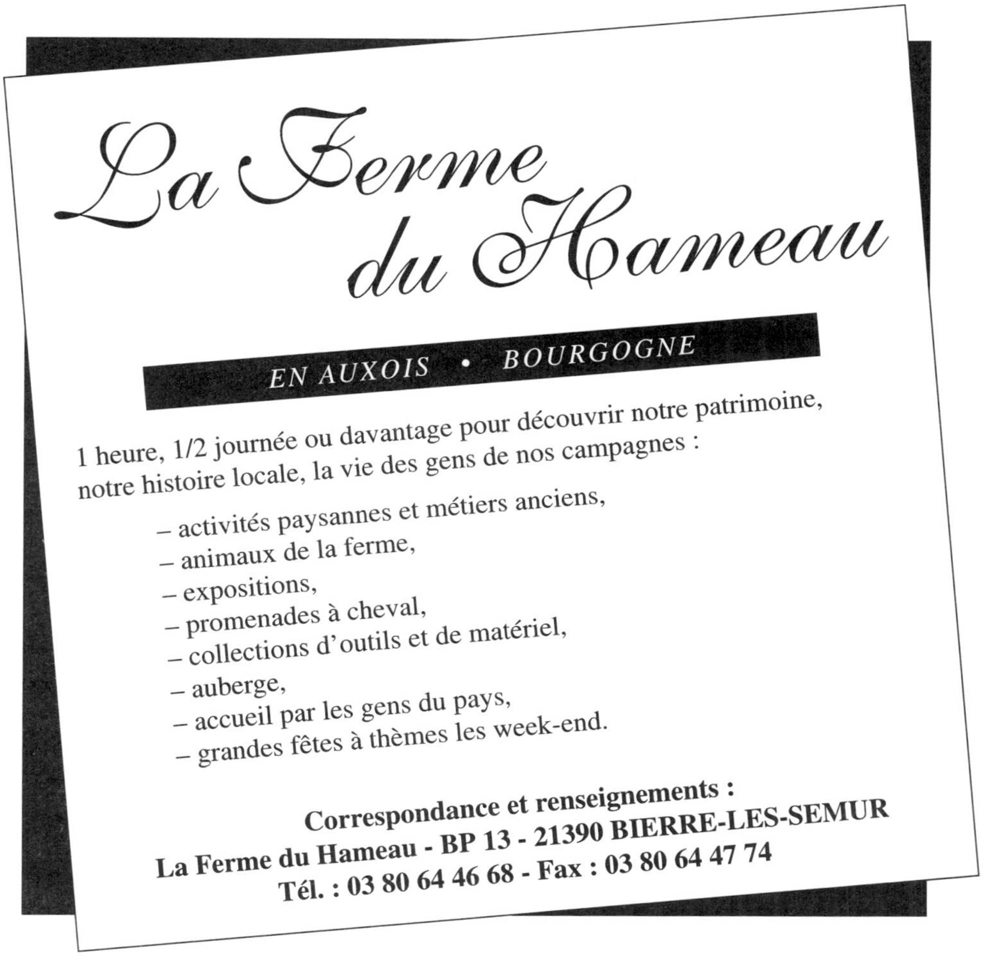

Vous voulez organiser vos vacances avec un groupe d'amis. La publicité ci-dessus vous intéresse. Vous écrivez à l'adresse indiquée pour demander des renseignements sur les points suivants :

- formules d'hébergement prévues,
- qualité des chambres,
- emplacement de la ferme et moyen d'accès,
- possibilité de réservation (vous préciserez : dates, nombre de personnes et activités privilégiées),
- prix des activités qui vous intéressent,
- modalité de paiement.

Vous ajouterez une question de votre choix.

Lexique

Le premier chiffre renvoie au numéro de l'unité, le second, entre parenthèses, au numéro de la leçon.

A

B

C

D

E

F

G

Crédit photographique : Christophe L. (p. 75 et 76)
Dessins : Eugène Collilieux (p. 32, 57 et 85)

Édition : Christine Grall
Composition et mise en pages : CGI
Couverture : Laurence Durandau

…primé en Italie par CANALE - sept. 2003